Gestalt

PARA PRINCIPIANTES

Sergio Sinay
Pablo Blasberg

ERA NACIENTE
Documentales Ilustrados

Gestalt para Principiantes®

Sergio Sinay - Pablo Blasberg
Primera edición - Sexta reimpresión

Director de la serie: Juan Carlos Kreimer

Para Principiantes®
es una colección de libros de
Era Naciente SRL
Buenos Aires, Argentina
www.paraprincipiantes.com.ar

Blasberg, Pablo
  Gestalt para principiantes / Sergio Sinay y Pablo Blasberg - 1a ed.
6a reimp.- Buenos Aires : Era Naciente, 2012.
  176 p. ; 19x13 cm - (Libros documentales ilustrados dirigida por Juan
  Carlos Kraimer)

  1. Psicoanálisis. I. Blasberg, Pablo II. Título
CDD 150.195

Dedicamos este libro a:

***Kita Cá**, que me mostró el camino gestáltico;
a **Mónica Nigro** y a **Rosi Zupnik** por todo lo
que me acompañaron en ese camino;
a mis compañeros de la **Escuela de Gestalt**
por tanto "awareness" compartido entre
lágrimas y risas;
a **Jorge Genzone** por tanta presencia y
amoroso desapego;
a todos los gestaltistas con los que aprendí y
aprendo cada día
("Aprender es descubrir", dice Perls).*
—Sergio Sinay

*A **Elsa Lanza**, **Mónica Nigro**
y **Hernán Izurieta**,
con profundo cariño y agradecimiento.*
—Pablo Blasberg

*A las personas que hicieron y hacen posible
que exista la **Asociación Gestáltica
de Buenos Aires** (AGBA).*
—Chía y J.C.K. *(por **Era Naciente**)*

¿De qué hablamos cuando hablamos de Gestalt? Por empezar, usamos una palabra de orígen alemán. El vocablo apareció por primera vez en 1523 en una traducción de la Biblia. Partía de un participio pasado (*yor Augen gestelt*) y, aproximadamente, significaba: "puesto delante de los ojos, expuesto a las miradas".

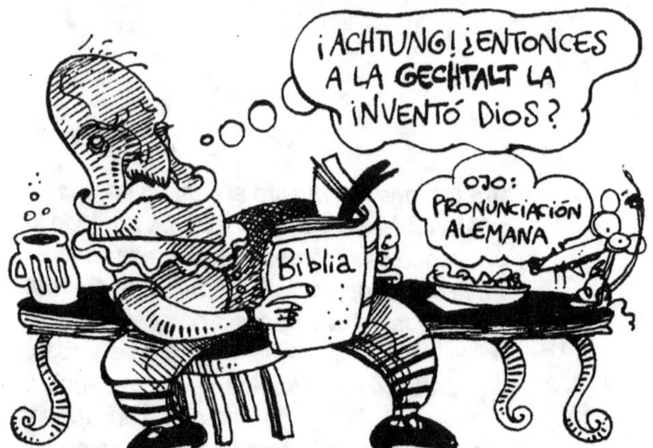

Hoy muchos autores prefieren hablar de **Gestaltung**: proceso de "puesta en forma" o "formación". También acuerdan con que los primeros que convirtieron a esa palabra en una teoría fueron los investigadores **Max Wertheimer (1880-1943), Kurt Koffka (1886-1941) y Wolfgang Kohler(1887-1967)**

KOHLER, KOFFKA Y WERTHEIMER seguían con atención al psicólogo CHRISTIAN VON EHRENFELDS (1859 - 1932) quien había dicho: "EL TODO ES DIFERENTE A LA SUMA DE LAS PARTES".

Esta iba a ser una idea central de la Gestalt, porque demostraría la importancia fundamental de la **percepción**. Estamos rodeados de sonidos y de formas, que no tienen un único significado. Es nuestra percepción en un momento determinado la que, en **esa** situación y en **ese** instante, le dan una forma significativa y dominante. Por ejemplo. ¿qué tenemos aquí?:

En realidad, tenemos 12 líneas: 4 horizontales, 4 verticales y 4 oblícuas. Eso es lo **objetivo**. El cubo nace de nuestra imaginación. Vemos las 12 líneas, las relacionamos con nuestro recuerdo de un cubo y nuestra percepción crea la figura. Esa **forma, figura, gestalt o proyecto** emerge desde un **fondo**, en este caso de nuestro inconsciente

Hacia 1912 Wertheimer, Koffka y Kohler dieron a conocer un trabajo conjunto que se considera como fundador de la **psicología gestáltica**.

La psicología gestáltica nació inspirada en la **fenomenología**. El padre de esta corriente filosófica fue **Edmund Husserl** (1859-1938) y su idea central es **describir y no explicar los fenómenos.** Los fenómenos que captaban y estudiaban los psicólogos fundadores eran figuras visuales y auditivas siempre **externas** al sujeto.

Una de las cosas fundamentales que aquellos precursores advirtieron fue que en todo **campo perceptivo** (es decir el campo sensorialmente abarcable) se diferencian un **fondo** y una **forma**.

Sin embargo, la percepción de la forma no es un hecho **objetivo**. Es el sujeto quien aísla la figura de acuerdo con su atención y sus necesidades.

Los trabajos de los primeros psicólogos gestálticos vinieron a demostrar que la percepción depende de factores **objetivos** y **subjetivos** interdependientes, y que su importancia relativa podía variar. La variación parte **principalmente del sujeto**, quien -de acuerdo con su relación con el medio- aisla del fondo a las formas dominantes. Así, **el aspecto del objeto depende de las necesidades del sujeto**.

Hasta que Wertheimer, Kohler y Koffka sentaron los fundamentos de la **Psicología Gestalt** (también llamada **Psicología** o **Teoría de la Forma**), la psicología -que se había establecido como ciencia en Alemania entre 1870 y 1880- consideraba al análisis de los elementos básicos de la mente como su tarea principal.

Ⓐ: EL CONDUCTISMO (o behavorismo) de Watson, que analizaba la conducta humana en términos de estímulo-respuesta...

Ⓑ: ...y el ESTRUCTURALISMO, de Titchener, Wundt y Ebbinghaus, que dividía al consciente en elementos independientes y desligados de valores.

Para el behavorismo no existía el conciente y para el estructuralismo el todo (la conducta) era una simple suma de partes.

¡ACHTUNG! POR ORDEN SUPERIOR DETENDREMOS ESTE RELATO DURANTE UNA PÁGINA PARA COMUNICARLES QUÉ PASABA EN EL MUNDO...

SE VIENE LA 1ª GUERRA
ALEMANIA ENOJADA
LAS OTRAS POTENCIAS SE REPARTEN EL MUNDO Y LA DEJAN AFUERA
Bronca con Ingleses
SE ARMA LA GORDA

En 1914 un nacionalista servio mató en Sarajevo a Francisco Fernando, archiduque heredero de Austria-Hungría. Con ese pretexto se armaron rápidas alianzas y empezó la "Gran Guerra", que duró cuatro años, produjo 9 millones de muertos y cambió el mapa europeo.

En 1912 (en un clima ya convulsionado), la psicología tuvo su propia confrontación.

Los creadores del nuevo movimiento se conocieron en la Universidad de Frankfurt y sostenían que era inútil intentar comprender a los fenómenos existentes (sujeto, objeto, medio) si no se los veía como un todo complejo, interdependiente e interrelacionado.

Los psicólogos gestálticos, que empezaron estudiando la percepción, abarcaron pronto otros campos de investigación, como el aprendizaje, la conducta social y el pensamiento. Con el tiempo sus formulaciones básicas se introdujeron en todos los aspectos de la psicología moderna.

En aquella época **Sigmund Freud** (1856-1939), médico neuropatólogo vienés, ya había dado a conocer **Estudios sobre la histeria** (1895), **La interpretación de los sueños** (1900), **Psicopatología de la vida cotidiana** (1901), **Tres ensayos sobre la teoría de la sexualidad** (1905), **Cinco lecciones sobre psicoanálisis** (1910) y **Totem y tabú** (1912).

Fundamentos

Además del **psicoanálisis**, la Psicología Gestalt fue cruzando sus pasos iniciales con los del **expresionismo** (Friedlander), la **semántica general** (Korzybski), el **trascendentalismo** (Emerson), el **psicodrama** (Moreno). También, como veremos después, iba a combinarse con otras corrientes muy diversas...

    ¿Es lo mismo la **Terapia Gestalt**, de la que habla Naranjo, que la Psicología Gestalt creada por W., K y K.? En realidad, no. Cumpliendo con un fundamento gestáltico, también en este caso el todo es diferente de la suma de sus partes. La Terapia Gestalt no aparece, entonces, como una secuencia lógica a continuación de los trabajos de los psicólogos gestálticos.

Kohler, Wertheimer y Koffka fueron el disparador. Luego hubo aportes de **Bluma Zeigarnik** que, en 1927, llegó a la conclusión de que una tarea inacabada exige dos veces más energía y memorización que un trabajo concluído...

Por esos años, otro psicólogo gestáltico alemán, **Kurt Goldstein** (1878-1965), niega que haya una dicotomía entre los biológico y lo psíquico y entre lo normal y lo patológico...

Por fin, también en aquella época (en 1922), **Kurt Lewin** (1890-1947), creador de la **dinámica de grupos**, formuló una teoría sólida y coherente acerca de la relación entre el individuo y el medio ambiente...

Mientras tanto, el **8 de julio de 1893**, en un ghetto judío de Berlín, nacía el tercer hijo de un matrimonio un poco extraño.

El padre de este bebé se llamaba **Nathan**, era fraccionador de vinos y viajante de comercio. También era masón. La madre se llamaba **Amalia**, era una judía ortodoxa, fanática del teatro y la ópera

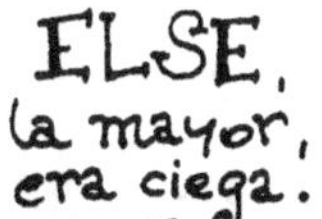

Nathan y Amalia tenían ya dos hijas. El matrimonio vivía en un clima de odio, de conflictos y de pelea permanente. La vida familiar resultaba un infierno.

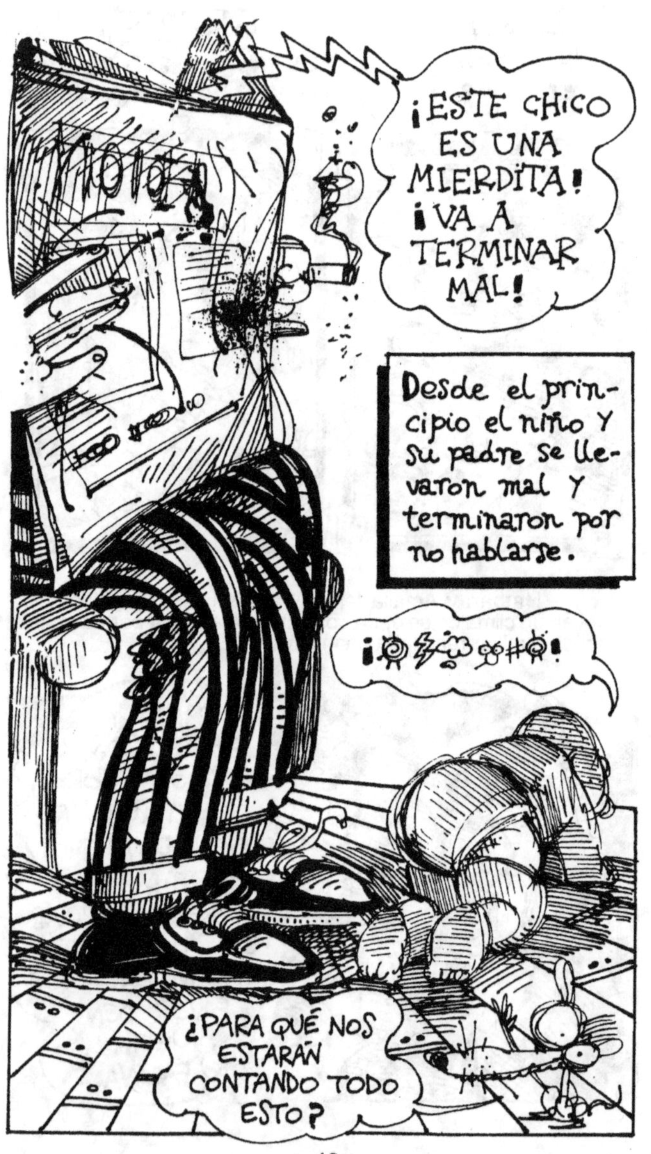

¡ESTE CHICO ES UNA MIERDITA! ¡VA A TERMINAR MAL!
Desde el principio el niño y su padre se llevaron mal y terminaron por no hablarse.
¡◉⚡☁✖#◉!
¿PARA QUÉ NOS ESTARÁN CONTANDO TODO ESTO?

No paraban ahí sus correrías: falsicaba la firma de sus padres en los papeles escolares, lo pusieron de aprendiz en una bombonería y fracasó, etc. Quien así crecía, aparentemente sin rumbo, se llamaba...

Friedrich Salom

ón Perls

El Fundador

Perls está considerado como el principal fundador de
la **Terapia Gestalt**. No fue un personaje de vida sencilla, como
ya pudimos empezar a ver al observar su infancia. También su
personalidad -gestada al compás de estos y otros episodios-
fue compleja, paradójica y polémica.

Todos quienes lo conocieron y lo trataron parecen tener algo de razón. Sin embargo, Perls no puede ser definido con sólo uno de estos adjetivos, aunque ninguno asoma ajeno a él...

La adolescencia de Perls fue tan agitada y conflictiva como su infancia. A los 13 años sufrió la expulsión definitiva de la escuela. Pero al año siguiente dió muestras de la intuición que lo acompañaría en toda su vida. Decidió anotarse por su cuenta en otra escuela...

Y se encontró con un colegio hecho a la medida de las necesidades y preocupaciones que empezaban a despuntar en él.

El ingreso de Perls a aquella escuela fue particularmente enriquecedor para él. Allí tomó contacto con el teatro, un interés que mantendría durante toda la vida y que redundaría en la Terapia Gestalt.

Su interés no sólo tenía que ver con lo artístico, sino con lo que aquello proponía como **técnicas de expresión**. En el colegio Perls conoció a Max Reinhardt -famoso director expresionista, del Deutsche Theater- y a muchos otros artistas que predicaban el compromiso total...

Al finalizar el colegio, el joven Fritz ingresó en la Universidad de Berlín para estudiar medicina. En 1914 estalló la Guerra (¿recuerdan que la habíamos anunciado?) y fue eximido del servicio militar por una malformación cardíaca. En 1916 entró como voluntario en la Cruz Roja.

Su condición de **judío** hizo que lo enviaran a los peores destinos, e incluso allí era perseguido y discriminado...

La guerra resultó una experiencia traumática que duró tres años. En ese lapso fue herido en la cabeza, estuvo expuesto al gas mostaza y vio todo tipo de atrocidades en las trincheras...

Le llevó varios años recuperarse de aquellas vivencias y a lo largo de ese tiempo se mostró indiferente a todo.

Finalmente, a los 27 años de edad (el 3 de abril de 1920) se recibió de Doctor en Medicina. En lugar de invertir su tiempo en los hospitales, Perls lo dedicó a desfilar por los cafés de Berlín en los que se reunía la intelectualidad anarquista. Allí conocería a gente que lo influiría, entre ellos el filósofo expresionista Salomón Friedlaender.

Tres años más tarde Perls decidió viajar a Nueva York para revalidar allí su doctorado. No pudo hacerlo porque no sabía inglés. Regresó a Alemania frustrado y resentido (para el resto de su vida) con la cultura estadounidense.

Por aquella época Perls vivía aún en la casa de su madre, y el fracaso en EE.UU. no hizo más que acentuar los complejos que lo agobiaban...

En una de sus visitas a los hospitales, conoció a Lucy, una mujer mayor de él, con la cual tuvo una relación apasionada y tórrida, que le hizo transgredir todos los tabúes.

Esa relación fue breve. Perls se sintió excitado, estimulado, y al mismo tiempo culpable. Su vida entró en una crisis movilizadora y decidió someterse al psicoanálisis. Eligió para ello a **Karen Horney** (1885-1953), una de las personalidades más creativas y profundas que dio la psicología en este siglo. Ese encuentro tuvo una rica influencia en él.

En 1927 Perls se mudó a Frankfurt. Allí encontró trabajo como asistente de **Kurt Goldstein**, que trabajaba con personas con lesiones cerebrales a partir de experiencias de la psicología Gestalt. Allí Perls conoció a **Lore** (que luego se llamaría **Laura**) **Posner**, una joven estudiante de 21 años.

Tres años después Fritz y Laura se casaron. Antes Perls se analizó durante un año con **Clara Happel**, quien interrumpió abruptamente el proceso y prácticamente le dio una orden:

En Viena permaneció un año y tuvo sus primeros clientes, supervisado por Helen Deutsch (conocida como la "mujer de hielo"). En 1928, de nuevo en Berlín, se estableció como psicoanalista mientras se analizaba durante un año y medio (¡cinco veces por semana!) con el húngaro Eugen Harnick, un ortodoxo acérrimo que no saludaba a sus pacientes y apenas si pronunciaba una frase por semana. En 1929 Perls decidió casarse con Laura. La familia de ella se oponía. El psicoanalista de él también. Perls aprovechó para terminar con su análisis. Harnick murió despues en un hospital de enfermedades mentales.

En 1930 Karen Horney le recomendó que se analizara con **Wilhelm Reich (*)**

(*) **Wilhelm Reich** (1897-1957) *fue un psicoanalista precoz -aceptado a los 23 años en la Sociedad Psicoanalítica de Viena- que se inició como discípulo de Freud y entre 1924 y 1930 dirigió, por petición de éste, el seminario de técnica psicoanalítica. En 1927 publicó* **La función del orgasmo** *donde atribuía al orgasmo una función reguladora que distiende y armoniza en cuatro tiempos (tensión, carga, descarga y reposo) la energía. Esto, decía, signa la* **ley general de pulsación de la vida.** *Después de 1930 rompió con Freud e insistió cada vez más en el valor del* **presente** *por sobre la "arqueología" del pasado. Reich hacía análisis activo: tocaba a sus pacientes, incluía lo corporal, trabajaba con las tensiones y corazas musculares. Además relacionaba de un modo directo* **la agresividad, la sexualidad y la política.** *Iba más allá del discurso verbal, le importaba más el* **cómo** *que el* **por qué** *de los fenómenos. Por su heterodoxia y rebeldía fue expulsado de la Sociedad Psicoanalítica de Viena en 1933 y de la Asoc. Psicoanalítica Internacional en 1934. También fue perseguido y encarcelado en EEUU hasta su muerte.* **Perls se inspiró profundamente en Reich para crear la Terapia Gestalt.**

A todo esto, las heridas que la guerra había dejado en Europa, lejos de cicatrizar se profundizaban. En Alemania se vivía un atmósfera sombría, de presagios ominosos...

Poco después de la ascensión de Hitler, y ni bien arreció la persecusión de los judíos, Perls escapó con su familia a Holanda. Corría 1933. En Amsterdam no le concedieron permiso para trabajar. Entonces Ernst Jones -el célebre biógrafo de Freud, quien ayudó a muchos judíos perseguidos- lo propuso para un cargo de analista didáctico en Johannesburgo, Sudáfrica. Perls partió agradecido y dejó una advertencia a sus amigos:

El viaje duró tres semanas y en ese lapso Perls estudió inglés. Fue bien recibido en Sudáfrica. Pronto tuvo pacientes y fundó el Instituto Sudafricano de Psicoanálisis. Laure se había recibido y trabajaba también. Muchos psicoanalistas empezaron a estudiar con Fritz. Nació Steve, el segundo hijo. Los Perls se hicieron ricos y famosos.

Pasaron dos años que parecían una revancha en la
vida de Perls. Era un psicoanalista rígido y ortodoxo y un bon-
vivant. Berlín era un mal recuerdo.

El cambio no tardaría en comenzar. En 1936 fue invitado al Congreso Internacional de Psicoanálisis de Praga, Checoslovaquia. Preparó un trabajo especial.

Había pretendido contribuir a la teoría psicoanalítica, pero su trabajo era demasiado revolucionario. Aun así...

¿QUIÉN ES?
SOY FRITZ PERLS, DR. FREUD...
DR. FREUD

VINE DESDE SUDÁFRICA PARA PRESENTAR MI TRABAJO Y PARA VERLO...
¿AH, SÍ? ¿Y POR QUÉ NO SE VUELVE?
DR. F.

A partir de este momento se precipitó la ruptura de Perls con Freud. El creía estar profundizando las ideas del creador del psicoanálisis, pero descubrió que transitaba un camino propio.

A pesar de sus frustraciones en el Congreso (o gracias a ellas), **1936** fue un año decisivo. Se puso escéptico, sospechaba cada vez de los dogmas científicos, políticos, filosóficos y religiosos, renegó de ellos...

Comenzó a desarrollar intensamente sus propias tesis, las discutió profundamente con Laura, su principal colaboradora, y en 1940 terminó su primer libro, en el que ella escribió algunos capítulos:

En el libro aparecen varias ideas que culminarían luego en la Terapia Gestalt.

(*) *El **holismo** (basado en ideas de Darwin, Bergson y Einstein) sostiene que el organismo es una sociedad de ayuda mutua que, a su vez, participa del medio. Es un todo que, en su presente, contiene su pasado y mucho de su futuro. El concepto se debe a **Jan Christian Smuts** (1870-1950), quien fue Primer Ministro de Sudáfrica y fundador de las Naciones Unidas. **Perls admiraba a Smuts.***

¡RECHAZO LA PREPONDERANCIA DEL INCONSCIENTE!
¡DISCUTO LA PRIMACÍA DE LA SEXUALIDAD INFANTIL Y DE LA LÍBIDO!
¡NO AL USO DE LA TRANSFERENCIA COMO BASE DEL TRATAMIENTO!
¡RENUNCIÁ A LA ASOCIACIÓN PSICOANALÍTICA INTERNACIONAL!
¡NO RENUNCIO NADA!

En esos años estudió también la **semántica general** de **Alfred Korzybski** (1879-1959), quien sostenía que todas las experiencias son multidimensionales; es decir, lo emocional incide en lo intelectual y viceversa. Mientras tanto, en **1942** (en plena Segunda Guerra) se alistó en la armada sudafricana y ejerció hasta **1946** como psiquiatra de ese cuerpo.

Esos cuatro fueron otros años conflictivos de su vida. Faltaba a su trabajo, tenía aventuras extramatrimoniales, estaba indiferente con Laura y malhumorado con sus hijos, a los que a veces castigaba como su padre solía hacer con él.

En 1946 Perls tomó una decisión: mudarse a Nueva York. Dejó su casa lujosa, a su familia y partió.

En Nueva York no fue bien recibido. Era provocador, rebelde, antisocial y mantenía sus posiciones antifreudianas que ya eran irrenunciables...

A pesar de todo, pronto tuvo una nutrida clientela, debido en parte a sus actitudes cuestionadoras y en parte al apoyo de tres importantes nombres de la psicología del siglo:

Aunque continuaba usando el diván cada vez creía menos en ese recurso y en lo que éste suponía. En cambio prestaba creciente atención a la **terapia de grupo**

NUNCA ME GUSTÓ LA CULTURA NORTEAMERICANA, PERO EN ESOS AÑOS PARA MÍ FUE FUNDAMENTAL VIVIR AQUÍ. AHORA VERÁN POR QUÉ...

La década de los 50 se inició con los EE.UU. afirmados -tras la Guerra- como potencia. En la ciencia y en el arte ese país se vió enriquecido por los aportes europeos (inmigrantes de gran valor llegaron allí). Perls por su parte había madurado su propio proceso y así fue como...

...en 1950 se constituyó el **Grupo de los Siete**, formado por Fritz y Laura Perls, Paul Goodman, Isadore From, Paul Weisz (psicoterapeuta e introductor de Perls en el zen), Elliot Shapiro, Sylvester Eastman y Ralph Hefferline (profesor universitario). En 1951 el Grupo dió a conocer su primera obra: **Gestalt Therapy**.

No fue fácil parir ese libro colectivo. Abundaron las discusiones en torno del título

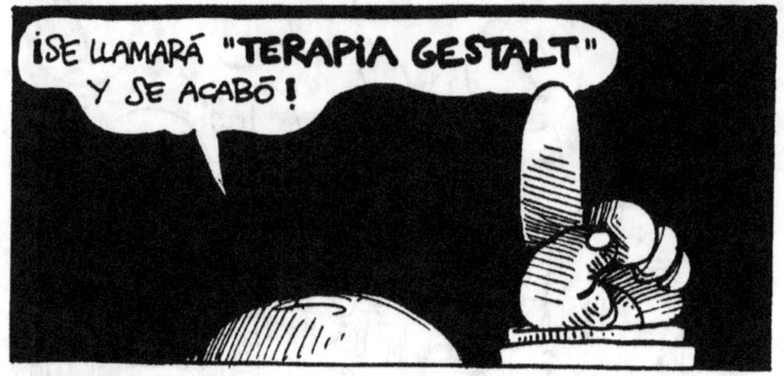

Laura, que fue alumna de Goldstein y se había doctorado con una tésis sobre Psicología Gestalt, siguió oponiéndose...

Perls insistió en que para él lo esencial de lo que estaban proponiendo consistía en la idea de la **situación inacabada** o **Gestalt abierta**. Llamaba a su método de trabajo de entonces **Terapia de concentración**, porque el paciente debía concentrarse en el **aquí y ahora**, en sus sentimientos y, sobre todo, en sus sensaciones físicas, y se oponía a la libre asociación de ideas del psicoanálisis...

Lo cierto es que, más allá de las discusiones, el libro marcó el nacimiento oficial de la **Terapia Gestalt**

Los cuatro años siguientes fueron vertiginosos y pródigos en acontecimientos para esta práctica recién nacida...

1952
1953
1954
1955
En 1952 Fritz y Laura inauguran el Instituto Gestáltico de Nueva York

En 1954 se creó el Instituto Gestáltico de Cleveland.
C

Inmediatamente Fritz dejó los institutos a cargo de Laura, Goodman y Weisz, y salió a recorrer el país para difundir su método.
EXIT

Hizo talleres en Miami,
Los Angeles, Chicago,
Detroit.

Conoció terapeutas im-
portantes, aprendió
conciencia sensorial,
psicodrama, cientología.

El crecimiento de la
Gestalt era modesto.
Perls se iba alejando
de sus compañeros.
Ellos lo acusaban
de "empirista".

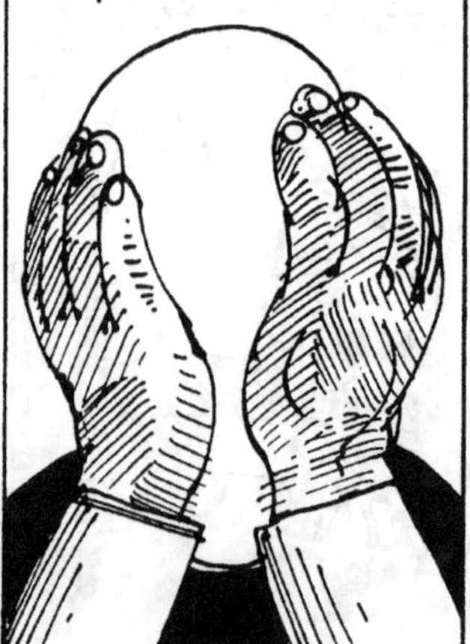

A fines de 1955
estaba cansado y
deprimido.

No creía en nada, ya no amaba a Laura, sólo soñaba con retirarse a vivir en Miami.

Se mudó a Florida, donde vivió en un departamento pequeño y oscuro. Tenía algunos grupos terapéuticos y carecía de amigos. Hasta que a fines de 1957...

...volvió a enamorarse, esta vez de **Marty Fromm** una mujer de 32 años, tímida y neurótica, que se preparaba para ser terapeuta y que era su paciente..

El romance fue intenso, sexualmente desbordado, duró dos años y en ese lapso Marty no se divorció, aunque lo haría tiempo después. Juntos ella y Fritz trasgredieron límites y tabúes.

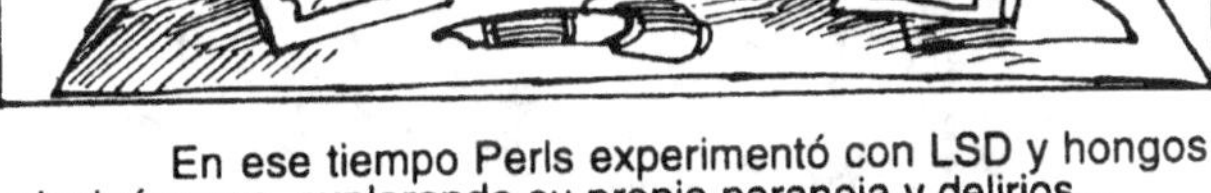

En ese tiempo Perls experimentó con LSD y hongos alucinógenos, explorando su propia paranoia y delirios...

Marty puso fin a la relación y, una vez más, pareció que había llegado el ocaso para Fritz Perls. No podía huir de su profesión ni tener éxito en ella. Se aferró al LSD, vagaba...

Entonces aparecieron en su camino dos jovenes terapeutas californianos: **Jim Simkin** y **Wilson Van Dusen**.

56

Simkin logró convencerlo de que abandonara las drogas, y entre él y Van Dusen (ambos admiradores del talento terapéutico de Perls) lo pusieron en contacto con los más importantes psicoterapeutas de la época. En California Fritz renació una vez como el Ave Fénix...

Antes de cumplir 70 años, en 1962, decidió hacer un viaje alrededor del mundo que duró dieciocho meses. Pasó varios en Israel, en donde quedó fascinado con la vida comunitaria que conoció en un **kibbutz** (granja colectiva). En Japón permaneció dos meses en un monasterio zen buscando el **satori** (la iluminación).

A su regreso del viaje, en diciembre de 1963, conoció al escritor **Michael Murphy**. Este había heredado un hermoso terreno en Big Sur, California, y con su amigo **Richard Price** había instalado allí un instituto en el que dictaban seminarios y conferencias que relacionaban con "La Gran Visión". Una nueva concepción de la vida y de las relaciones humanas. Despuntaba la **Era de Acuario** con sus nuevos paradigmas. Paul Tillich, Aldous Huxley, Arnold Toynbee, Norman Brown, eran nombres venerados. Murphy y Price querían convertir al lugar (que tenía aguas termales naturales) en un Centro de Desarrollo del Potencial Humano, pero -al principio- era apenas un imán para bohemios, bebedores, fumadores de marihuana...

Murphy invitó a Perls a sumarse a la experiencia, a pesar de que muchos lo consideraban como "un viejo cocodrilo que espera la muerte". Discutieron, Fritz no parecía entusiasmado pese a los antecedentes de Murphy.

El lugar -que estaba sobre la costa, a 300 kilómetros al sur de San Francisco- fue bautizado con el nombre de una tribu indígena que solía cumplir allí con sus ceremoniales...

Finalmente, y de mala gana, Perls aceptó un contrato como residente en Esalen. Empezó en abril de 1964 y, durante más de un año, sus prevenciones parecieron fundadas. Daba talleres de demostración y cursos de formación pero no había más de media docena de participantes en cada reunión. A los 72 años, en 1965, parecía nuevamente acabado: su corazón estaba peor que nunca, se fatigaba no podía caminar ni cien metros...

Y entonces, créase o no.....¡experimentó una nueva resurrección!

Con renovada energía continuó con sus talleres, cursos y grupos terapéuticos. Se construyó una bella casa para sus actividades, que luego se haría famosa. Empezó a escribir sus memorias (**"Dentro y fuera del tarro de la basura"**)....

Terminaba la década del 60. Vietnam, París, la "Primavera" de Praga, la revolución sexual, la liberación femenina, los hippies, Woodstock...El mundo vivía una época en la que había hartazgo y búsqueda de nuevos caminos...

Había, ahora sí, un clima propicio para el florecimiento de un enfoque existencial como el de la **Terapia Gestalt**. Perls era filmado y grabado, su nombre recorría el país y el mundo, empezó a recoger el reconocimiento y la trascendencia que tanto se le habían negado. Se publicó su libro **"Sueños y existencia"** (obra clave) y cuando cumplió 75 años era una estrella de las Terapias Humanistas, que se proponían como alternativa y superación del psicoanálisis. Los grandes diarios y revistas se ocupaban de Perls y de sus propuestas.

Esalen se convirtió en lo que continuaría siendo en adelante: una especie de Meca de las nuevos paradigmas. Hacia allí convergían, y allí dejaban sus huellas, los más brillantes referentes de las nuevas terapias

Perls, en plena euforia y potencia creativa, creyó llegado el momento de avanzar un paso más y llevar a la práctica un deseo pendiente

En aquel lugar fundó, en junio de 1969, un **Kibbutz Guestáltico**, en el que vivían él y unos treinta discípulos formados en Esalen. Había trabajo colectivo, talleres, grupos terapéuticos, seminarios formativos. Llegaba gente de muchos lugares para participar. Había un solo requisito...

Como nunca, Perls vivió allí feliz, relajado, energético y creativo. Estaba junto a gente que lo quería y admiraba y que serían sus principales continuadores: **John Stevens, Harvey Freedman, Barry Stevens, Jerry Rothstein, Virginia Horowitz, Abraham Levitsky, Stella Resnick, Ed Elkin, Richard Miller, etc.**

A principios de 1970 inició un viaje de placer por Berlín, París y Londres. Cuando partió expresó un único deseo:

Al regresar del viaje hizo una escala en Chicago, invitado a dar una conferencia y a coordinar algunos talleres. Allí lo sorprendió un infarto al miocardio. Fue internado. Su salud era pésima. Sufría además de un cáncer de páncreas. Murió el 14 de marzo de 1970, poco antes de cumplir 77 años. En la clínica lo acompaño Laura. No vivían juntos desde hacia 22 años, pero él nunca habia dejado de consultarla.

Aún después de su muerte Perls siguió siendo motivo de admiración y rechazo:

Según sus propios deseos, Perls fue cremado y luego, en una ceremonia en el Civic Auditorium, de San Francisco, 1500 personas bailaron a la luz de las velas una danza en celebración de la vida. Fue una ceremonia alegre, como él pidió.

Y más allá de las discusiones entre sus diferentes líneas de seguidores o de los cuestionamientos de teóricos o cultores de otras corrientes, hubo una conclusión en la que coincidieron todos quienes lo conocieron a él y pudieron acceder a su obra y a su práctica:

¿De qué hablamos cuando hablamos...

Ahora conocemos la historia del creador, un personaje controvertido, rico, enriquecedor, contradictorio, entrañable e incomprensible. Todo eso, y más, al mismo tiempo. O sea, un **Ser Humano**. Sabemos también que la **Terapia Gestáltica** no es lo mismo que la Psicología Gestalt. ¿Qué es, entonces, la **Terapia Gestáltica?**

de GESTALT?

Elizabeth Ogg hizo esta clasificación de las psicoterapias. ¿Ya ubicaron a la Gestalt?

Según Albert Ellis hay... ¡121!... enfoques de psicoterapia...

TERAPIAS DE GRUPO:
* Psicodrama.
* Terapia Grupal Tradicional.
* Terapia de Familia.
* Análisis Transaccional.

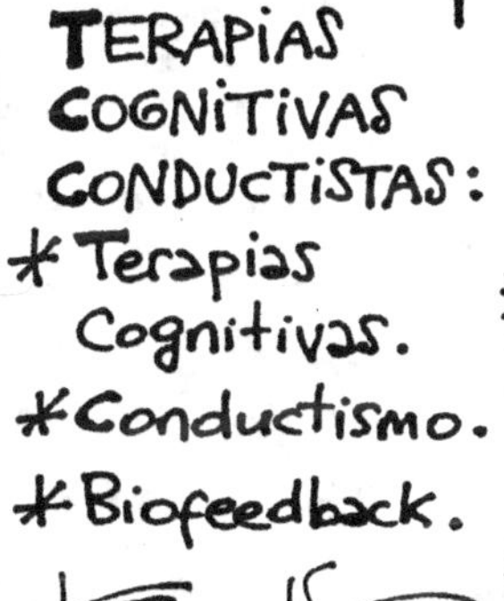

TERAPIAS COGNITIVAS CONDUCTISTAS:
* Terapias Cognitivas.
* Conductismo.
* Biofeedback.

Del Sexo Reprimido a la Era de Acuario

Otra clasificación muy aceptada -en este caso cronológica- es la de Rirchie Hering, que establece las tres grandes corrientes psicológicas del siglo:

1 - La FREUDIANA o PSICOANALITICA

Nace para hacer frente a una etapa histórica de represión sexual.

2 - La CONDUCTISTA - EXPERIMENTAL POSITIVISTA

Aparece antes de mitad de siglo, cuando el auge tecnológico da lugar la "edad de la ansiedad" y surgen terapias de modificación de la conducta.

3 - La HUMANISTICA-EXISTENCIAL o TERCERA FUERZA

Cobra especial impulso en los últimos años de este siglo como respuesta a la despersonalización y deshumanización de la vida. Estas terapias enfatizan el sentir (fisiológico y emocional, las emociones, la pasión, la experiencia inmediata. Se centran en el **presente** (momento de la vida en el que se existe y se siente). Forman parte de la aparición de **nuevos paradigmas** científicos, filosóficos, artísticos y políticos. En la Psicología Humanística se incluyen **Abraham Maslow**, **Rollo May**, **Carl Rogers**, **Jacob Moreno**, **Alexander Lowen (Bioenergética)**, **Milton Erickson**, adlerianos, rankianos (por **Otto Rank**), jungianos, neo-freudianos, neo-adlerianos, post-freudianos (psicología del ego), a **Marcuse**, a **Gordon Allport**, la psicología Organísmica de **Kurt Goldstein**, etc, etc…

La Psicología Humanista sostenía que tanto el psicoanálisis ortodoxo (con su énfasis en el medio familiar y social) como el conductismo (priorizando la bioquímica celular) habían reducido al hombre a una condición de objeto de estudio, sin responsabilidad ni posibilidad de crecer. El movimiento apareció con una propuesta distinta

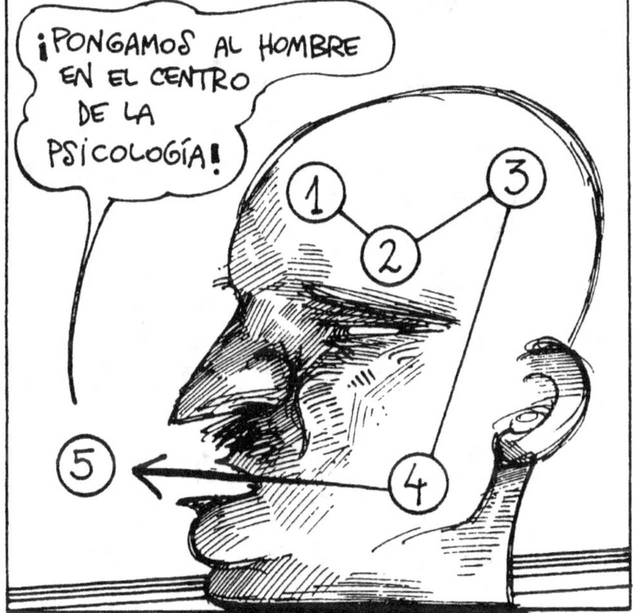

Esta corriente nunca fue orgánica, aunque fundó una revista (**Journal of Humanistic Psychology**) impulsada por Abraham Maslow, para recoger e impulsar sus enfoques. Hoy incluye diversos métodos y enfoques terapéuticos, reconocidos genéricamente como **Movimiento del Potencial Humano.** Podría decirse que propugna restaurar y respetar la dignidad del Hombre a través del fortalecimiento de tres derechos esenciales:

• **a satisfacer sus necesidades**, expresar sus emociones, reivindicar sus sentimientos y valorizar su cuerpo.

• **a ser diferente**, único y específico.

• **a realizarse**, a conformar sus propios valores individuales, sociales y espirituales, a no ser limitado por la voluntad de otros y a no limitarse a "tener" y "hacer".

La **Psicología Humanística** abandona las nociones dogmáticas de salud y enfermedad, de "normal" y "patológico"

Al negarse a trazar un muro entre el "malestar existencial" y la "enfermedad", la Psicología Humanística parte de la base de que, en principio, todos los comportamientos humanos son **normales** y pone el acento en desarrollar el **potencial** de los individuos. No cree tampoco en la separación **causas-consecuencias** y sí en que el Hombre es un sistema global y abierto, un sistema en sí mismo que forma parte de sistemas y organismos más amplios

Así, la Psicología Humanista pone el acento en los nuevos paradigmas sistémico y analógico, negándose al reduccionismo de las otras corrientes. Perls insistía en una idea acerca del enfoque que él había creado:

A partir de esta corriente el concepto de terapia no aparece ya forzosamente ligado al de enfermedad. La terapia pasa a ser una herramienta del desarrollo personal.

Finalmente: ¿es la Gestalt una terapia? Sus seguidores la definen como algo más que eso.

La Gestalt busca, en fin, una visión integradora, holística, del ser humano, valorizando sus dimensiones afectivas, intelectuales, sensoriales, sociales, espirituales, emocionales y fisiológicas. Para ello se nutre básicamente de dos corrientes:

En la **FENOMENOLOGÍA** basó estos conceptos:

Del **existencialismo**, la Terapia Gestalt tomó estas nociones:

Además de sus contactos con la fenomenología y el existencialismo, la Terapia Gestalt tiene una estrecha ligazón con las corrientes del pensamiento oriental. Perls, que había tenido algún contacto con el Budismo Zen, lo intensificó durante su residencia en Esalen. Allí tuvo contacto con **Alan Watts**, acaso el principal divulgador del Tao en Occidente (autor, entre otras, de **El camino del Tao**). Con Gia-Fu-Feng, recién llegado de China, conoció la esencia del Tai Chi.

"La Gestalt hace hincapié en la **no-búsqueda** y no en el hallazgo, en la atención en el **aquí-y-ahora** y en una actitud sana en él. Por su parte, el zen descansa en el cultivo de la atención y en el reconocimiento de **la perfección de la mente** en su estado natural. La Gestalt es un cripto-budismo y también un cripto taoismo. El taoismo habla del **Tao de las cosas** y del **Tao del individuo**. Este alude a una espontaneidad sabia y profunda más allá de la voluntad del ego consciente. **Esto no es diferente del ideal gestáltico.**"

La física contemporánea ha revolucionado conceptos acerca de la materia, el espacio, el tiempo, la causa, el efecto. Retomando ideas de los tradicionales místicos orientales los científicos cuánticos demuestran que el hombre no está al margen de ningún fenómeno de la naturaleza.

Entre los nombres fundamentales de la ciencia contemporánea concebida desde esta visión se cuentan: **Frijtof Capra, Hubert Reeves, Jean Charon, Mitsuo Ishikawa, Olivier Costa de Beauregard, etc. A ellos se debe el nexo entre el pensamiento milenario de Oriente y los nuevos paradigmas de Occidente.** Ellos parten de un profundo estudio del **Tao-Te-King**, libro escrito por **Lao Tsé** en el siglo V antes de Cristo. Es conocido como el "Libro de la Vida", recorre -mediante metáforas- las leyes de lo natural y, sobre todo, propone **la no intervención en el curso de las cosas**.

El Tao propone dos principios esenciales e irrenunciables:

El **Yin** (femenino) comprende a la belleza, la dulzura, la suavidad, la tierra, la luna, lo blando, etc. Es estabilidad.

El **Yang** (masculino) incluye la fuerza, la penetración, el cielo, el sol, lo duro, lo áspero, etc. Es movimiento.

Justamente, el reconocimiento y la **integración** de las **polaridades** contrarias es uno de los temas centrales de la Terapia Gestalt. Otras cuestiones en las que aparece emparentada con el taoísmo son:

En cuanto al **Zen**, variedad del budismo que nació mil años después del taoísmo y llegó a Japón en el siglo XIII de esta Era, esta corriente sostiene que el **despertar** o **iluminación** (llamado **satori**) sobreviene a una espera atenta, a una vigilancia sin objeto. "No hay reglas, no hay fines en la Naturaleza, lo que es, es, lo que llega, llega".

El Zen y la Gestalt tienen, sin embargo, diferencias:

Ni hablar del divan

Así como muestra contactos con las filosofías orientales, la Terapia Gestalt también los tiene con el **psicoanálisis**, más allá de la rebeldía de Perls contra Freud.

La **neurosis** -para Perls- no obedece a "pseudorrecuerdos de la infancia", ni a deseos prohibidos o reprimidos por el superyó, sino a una serie de **gestalts inacabadas** (necesidades interrumpidas y no satisfechas) en la relación entre el organismo (la persona) y su medio.

Mientras en el psicoanálisis la acción (acting-out) se considera como una resistencia a la verbalización, en la Gestalt la verbalización prematura es tomada como resistencia a dejar actuar al sentimiento y a la aparición de vivencias asociativas profundas.

Para el psicoanálisis la **resistencia** es todo lo que impide el acceso al inconsciente. Para La Gestalt, más que un muro a derribar es una potencial energía creadora para vivir en un mundo difícil.

Al margen de estas diferencias, la Gestalt debe algo a algunos grandes psicoanalistas como:

Discípulo mimado de Freud, menospreciado por los ortodoxos "duros" debido a sus aportes pluralistas. Daba gran importancia al **cuerpo**,y a la subjetividad y al estilo personal del terapeuta. Fue quien estableció la supervisión obligatoria de los analistas. Fritz y Laura Perls ahondaron en muchos de sus conceptos.

Impulsor del enfoque humanista, ponía el acento en el desarrollo del ser antes que en la patología. Proponía una actitud activa del terapeuta y una relación intensa con el paciente. Prioriza el diálogo interno (teatro interior) entre las partes "personificadas" del paciente. Estudió las filosofías orientales, la astrología y los simbolismos. Admirado por Freud, rompió con él en 1912, tras cinco años de trabajos y discusiones profundos.

Otros psicoanalistas con los cuales la Gestalt encuentra ciertos puntos en común son:

MELANIE KLEIN (1892-1960). Dió importancia a lo corporal, introdujo la terapia del juego y observó las ambivalencias (o **polaridades**) amor-odio y objeto bueno-objeto malo.

OTTO RANK (1884-1939). Redujo la duración de los tratamientos, tomó elementos del sueño como proyecciones del soñante, impulsó la **terapia de la creatividad**.

KAREN HORNEY (1885-1952). Revalorizó la importancia del medio cultural y la del presente; rescató los **beneficios secundarios** de los problemas existenciales del paciente. Daba a las sesiones un clima cálido y de seguridad.

DONALD WINNICOTT (1896-1971). Dió lugar preponderante al juego y a la creatividad; reconoció el valor de lo fenoménico y de las necesidades; relativizó la interpretación, valorizó -como Horney- la calidez y la seguridad.

(*) Fundador de la Escuela de Gestalt de París, autor de "LA GESTALT: UNA TERAPIA DE CONTACTO".

De acuerdo con una muy creativa síntesis del mismo Ginger la Gestalt estaría en el centro de una estrella de cinco puntas. Cada punta corresponde a un abordaje de lo humano y los distintos enfoques terapéuticos se ubican en un tramo de la estrella

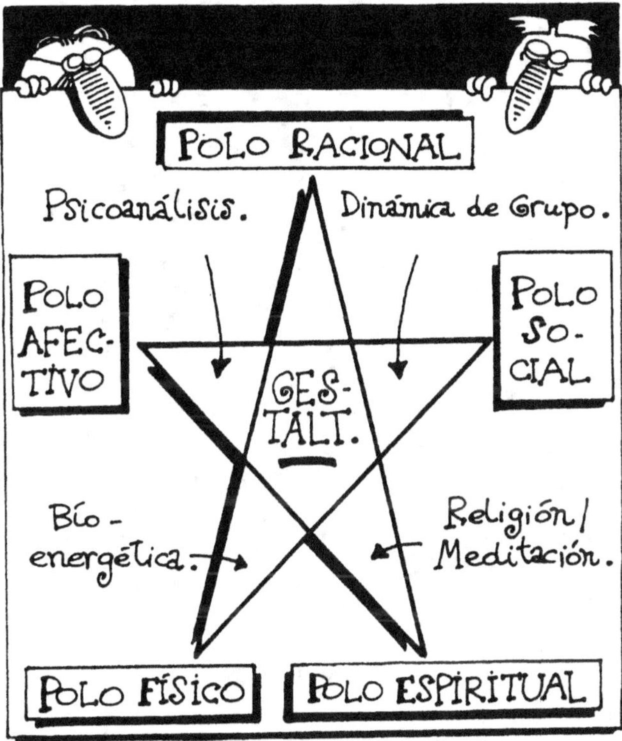

Los experimentos, juegos, trabajos, representaciones que se cumplen durante la práctica gestáltica no son una serie de técnicas vacías. **Usar un almohadón no es practicar Gestalt.** Las técnicas responden a un espíritu profundo que, alimenta a su vez, un enfoque sobre la vida. Sólo adquieren sentido tomadas en su conjunto y también dependen de la singularidad de cada terapeuta.

Las técnicas gestálticas trabajan desde el **aquí y ahora**, enfatizan las **sensaciones**, buscan que el paciente se **dé cuenta** de lo que hace para impedirse a sí mismo cumplir con sus necesidades y **cierre sus gestalts**. También toman en cuenta la relación **yo-tú** (paciente-terapeuta) sin dejar de destacar la independencia y la **responsabilidad** de cada uno.

El "darse cuenta" (awareness)

Puede definirse como la toma de conciencia integral sobre lo qué "me" pasa (sensaciones físicas, sentimientos, imaginación) y de lo que pasa en el medio ambiente en el que estoy integrado. El **darse cuenta** parte de la respuesta a cuatro preguntas claves:

El **awareness** permite situar el encuentro terapéutico, es un precalentamiento que, además, deja aparecer situaciones inconclusas anteriores

El terapeuta está, a su vez, atento a su propio flujo de sensaciones y emociones. Esto se conoce como **continuum de conciencia.**

La "silla vacía"

Una de las técnicas favoritas de Perls y una de las "marcas de fábrica" de la Gestalt. En la "silla vacía" (suele reemplazarse por un almohadón) el paciente ubica imaginariamente a cualquier personaje de su vida con el cual tiene una situación inconclusa:

Usada con oportunidad, la **"silla vacía"** pone en acción sentimientos y permite encontrarse con situaciones o personajes inconclusos para verlos en el **aquí y ahora**. Su uso exagerado y discrecional puede interferir en el contacto directo entre paciente y terapeuta.

La "silla vacía" permite también poner en juego un concepto clásico del enfoque gestáltico: el **perro de arriba** y el **perro de abajo**. El primero (**top-dog**) identifica los deseos, necesidades y potencialidades de la persona. El segundo (**under-dog**) a las excusas, pretextos y obstáculos que ésta se interpone. Este último puede encarnar a personajes introyectados.

El monodrama

Esta técnica consiste en pedirle al paciente que represente a los distintos personajes de una situación inconclusa de su vida, y que vaya cambiando de lugar mientras lo hace, de modo de tener una **vivencia clara** de cada uno y de sus emociones...

No sólo es posible representar a otras personas, sino también a las propias emociones, u órganos, o necesidades

Al trabajar en la representación de los personajes, las emociones, las abstracciones o las partes de sí, el paciente puede explorar con claridad sus **polaridades**, conocerlas y aceptarlas en lugar de intentar reducirlas a un sólo término. También puede registrar las diferencias y las similitudes con otras personas de su vida. Está en condiciones de percibir que la vida se manifiesta como un equilibrio dinámico y cambiante.

La amplificación o exageración

El terapeuta pide al paciente que continúe con algún gesto o movimiento, que lo vaya intensificando y que lo exagere más y más. Esto aumenta la percepción de ciertos mecanismos que el paciente usa en su **contacto** con el medio para bloquear sus sensaciones o emociones...

Al amplificar su movimiento y su gesto y al decir en voz alta lo que le pasa, la persona **se escucha**, rompe el confuso **soliloquio interior**. Se trata de una experiencia reveladora y modificadora.

Hablarle "al" otro (interpelación directa)

Esto es esencial en el trabajo gestáltico. El terapeuta desalienta aquellas frases que, al no dirigirse al destinatario específico, impiden el contacto emocional.

También forma parte de la misma cuestión el no hacer **"lectura de mente"**: es decir no **proyectar** en el otro los propios pensamientos, deseos, temores, fantasías, etc.

La **interpelación directa** apunta a generar contactos más directos, sin justificaciones, explicaciones, argumentaciones, excusas o intentos de convencer. Contactos en los cuales **lo que es** se imponga al **como si** (lo que "se debería"). Este tipo de diálogo requiere de honestidad: el propósito de decir lo que se siente, se piensa, se desea, y aceptar lo que se escucha sin juzgarlo.

Hablar en primera persona

Este es un punto estrechamente vinculado con el anterior.

En Gestalt se sostiene el principio de que la persona es responsable de sus actos, de sus pensamientos, de sus sentimientos o emociones. A ella le pertenecen. Cuando habla en **primera persona** toma conciencia de todo lo que ella es, hace ejercicio de su **responsabilidad**. Lo contrario favorece la disociación.

Los sueños en Gestalt

Aunque Freud aparece como quien primero -en este siglo- buceó científicamente en ellos, los sueños han sido, en la historia de la Humanidad, un territorio en el cual se buscaron respuestas, símbolos, orientaciones. Los abordajes han sido múltiples, versátiles, desde lo esotérico hasta lo racional. Perls les dió gran importancia y de hecho la tienen en la Terapia Gestalt. La gran novedad que introduce esta terapia es que en ella los sueños no son objeto de ni de interpretación ni de libre asociación.

En **Gestalt Therapy Verbatim** (traducido al español como **Sueños y Existencia**), uno de sus trabajos fundamentales, Perls dice:

"El sueño es la expresión más espontánea de la existencia de un ser humano. En. Terapia Gestáltica no trozamos ni interpretamos a los sueños: intentamos retrotraerlos a la vida. Lo revivimos como si ocurriese ahora. Lo actuamos en el presente, de modo que se convierte en parte de uno. Siempre que se lo pueda recordar, el sueño estará vivo y disponible y contendrá una situación inconclusa. En el sueño encontramos la dificultad existencial, la parte que falta a la personalidad. Está todo. El sueño es una excelente oportunidad para encontrar los vacíos de la personalidad. **Entender un sueño significa darse cuenta de cuánto se está evitando lo obvio.**"

En Gestalt se trabajan los sueños comenzando por una descripción de cada uno de los elementos del mismo.

Perls sugería incluso anotar los sueños y hacer por escrito la enumeración de los elementos;

El terapeuta puede invitar al paciente a ir representando los distintos elementos del sueño y a hablar como si fuera cada uno de esos elementos. Es muy importante que esa representación no sólo sea verbal, sino que en ella el paciente ponga en juego recursos emocionales y corporales. Que **sienta** y tenga la **vivencia** de cada elemento. También se puede **dramatizar** el sueño.

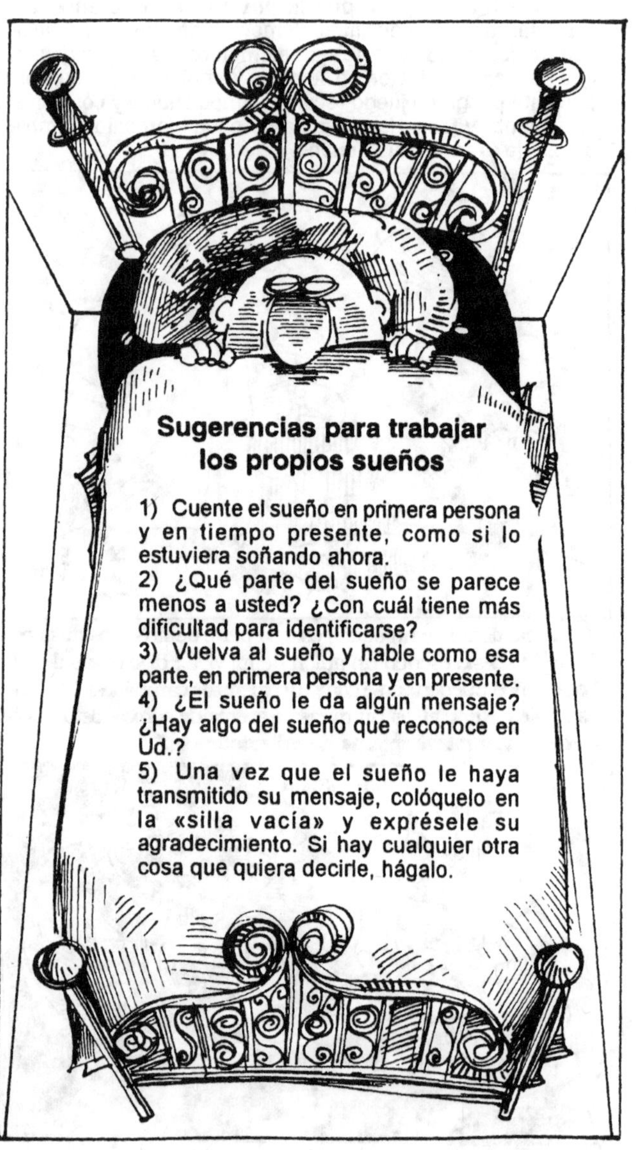

Sugerencias para trabajar
los propios sueños

1) Cuente el sueño en primera persona y en tiempo presente, como si lo estuviera soñando ahora.
2) ¿Qué parte del sueño se parece menos a usted? ¿Con cuál tiene más dificultad para identificarse?
3) Vuelva al sueño y hable como esa parte, en primera persona y en presente.
4) ¿El sueño le da algún mensaje? ¿Hay algo del sueño que reconoce en Ud.?
5) Una vez que el sueño le haya transmitido su mensaje, colóquelo en la «silla vacía» y exprésele su agradecimiento. Si hay cualquier otra cosa que quiera decirle, hágalo.

En Gestalt las manifestaciones corporales (voluntarias e inconcientes), tales como gestos, movimientos, microgestos, tono de la voz, posturas, coloración de la piel, respiración son tomadas como datos importantes de lo que ocurre interiormente en el paciente. El lenguaje del cuerpo está enraizado en el aquí y ahora. De manera progresiva se sigue el camino del «darse cuenta» que va desde el cuerpo hacia la palabra.

La **Terapia Gestalt** va más allá de la simple conciencia verbal de lo corporal (que no pone en juego lo emocional), y de la mera **catársis emocional** (que no lleva lo corporal a un proceso reflexivo). La Gestalt accede desde el cuerpo hacia los procesos interiores y de esta manera se mantiene coherente con su enfoque de la permanente relación **fondo-forma**.

Es importante recordar que el simple movimiento o agitación corporal no significa que se esté usando el enfoque gestáltico. La apelación al cuerpo tiene un **objetivo**, y éste resulta diferente según cada situación grupal o individual específica. Puede buscar diferentes «darse cuenta»: acerca de las vivencias de abandono, de la ternura, de la sensación de encierro, de la confianza, de la noción de límite, de la agresividad, etc, etc. Esa búsqueda se determina en el **aquí y ahora**, de manera que el terapeuta no puede programar rígidamente los «juegos» o «ejercicios» con anterioridad. El trabajo corporal -en Gestalt- no fuerza el flujo de la experiencia terapéutica, sino que va armonizando con ella.

Este trabajo resulta importante puesto que el cuerpo es también memoria y en él se pueden detectar materiales vivenciales del período infantil preverbal, a los que no se puede acceder a través de las terapias puramente verbales.

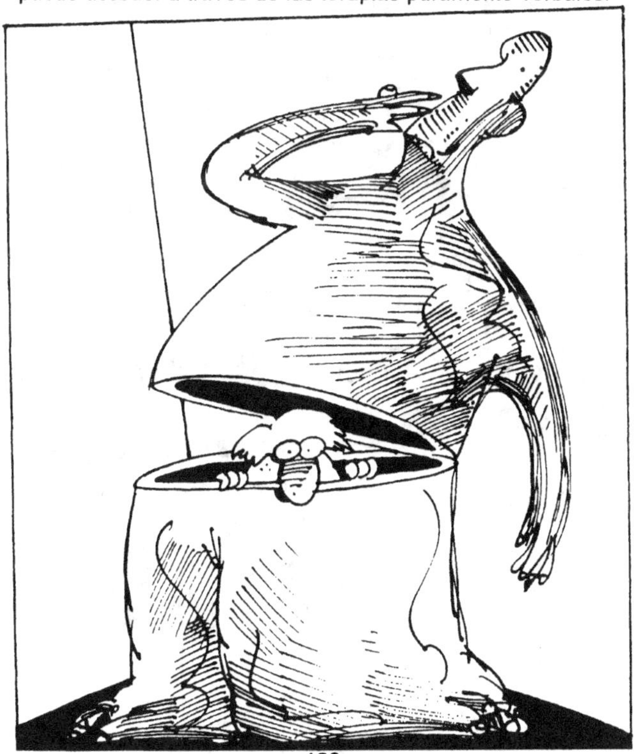

La Gestalt y el "darse cuenta"

Las técnicas gestálticas apuntan centralmente a la toma de conciencia o «darse cuenta» (awareness) del paciente. Esta ocurre cuando la atención organísmica (es decir, integral) de la persona se enfoca en una zona del contacto entre el organismo y el ambiente en el cual se produce un intercambio complejo, que muestra bloqueos. Se dice en Gestalt que algo anda mal cuando no se toma conciencia de la dificultad de esa interacción.

El terapeuta gestáltico no interviene de manera directa para que el paciente tome conciencia, sino que colabora en el restablecimiento de las condiciones para que este, mediante el uso de sus capacidades, se de cuenta y se restituya el flujo natural de los acontecimientos.

Para la búsqueda de la toma de conciencia, la Terapia Gestalt pone siempre el énfasis en la pregunta...
¿CÓMO TE SIENTES?
...y jamás en la pregunta...
¿POR QUÉ SE SIENTE ASÍ?
AHORA QUE ME DÍ CUENTA DE LO QUE HACÍA, NO SIENTO INTERÉS EN EL POR QUÉ...

Los mecanismos a través de los cuales las personas bloquean la toma de conciencia sobre sus propias conductas se llaman **resistencias**.

Es decir, obstaculizan el **autoapoyo** y la **madurez**.

Las resistencias -concepto fundamental en Gestalt- son varias, aunque Perls considera cuatro principales:

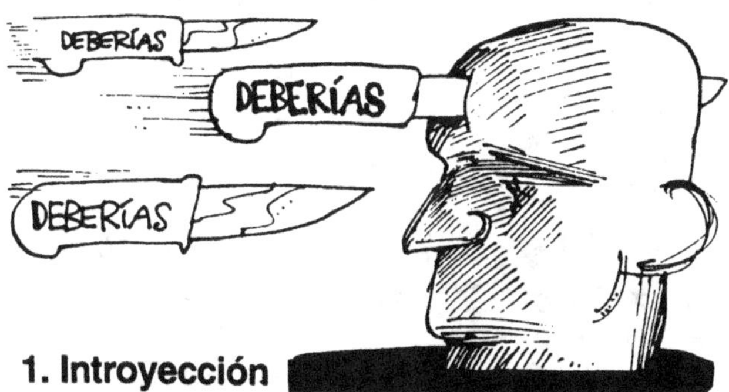

1. Introyección

Este es el mecanismo por el cual una persona incopora, **sin digerir**, toda la información y los mandatos que le llegan desde el medio y actúa de acuerdo con ellos. Esos «cuerpos extraños» no asimilados se llaman **introyectos** e impiden el desarrollo y la expresión del propio ser. Al tragarlos sin digerirlos una persona puede encontrarse con dos mandatos opuestos o incompatibles actuando en ella y el intento por reconciliarlos puede contribuir a la **desintegración** de la personalidad.

En la **introyección** el límite entre el individuo y el resto del mundo se corre tanto hacia el individuo que éste casi desaparece.

2. Proyección

Es la otra cara de la introyección. En la proyección la persona atribuye a los demás los atributos que rechaza de sí y se muestra absolutamente crítico, intolerante e hipersensible hacia esas características. Hace responsable al ambiente de lo que se origina en sí mismo. El reprimido siente que cualquiera lo acosa. El que es introvertido acusa a los demás de fríos, etc. No debe confundirse la proyección patológica (de la cual la **paranoia** es un caso extremo) con las suposiciones basadas en la observación de la realidad. Esto es normal y sano. También lo es la proyección del artista al crear personajes e historias.

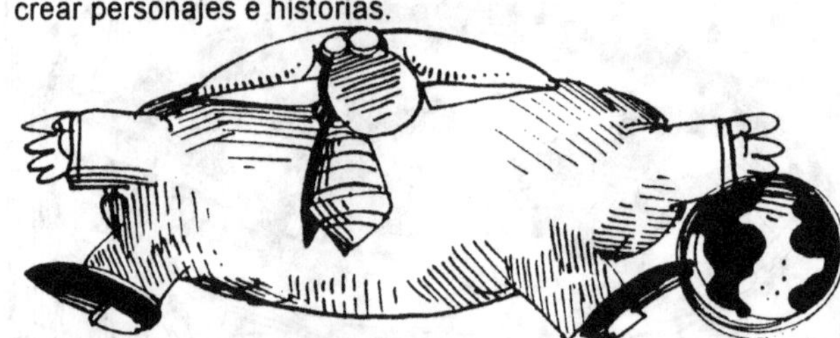

En la proyección el límite entre el individuo y el resto del mundo se corre tanto en favor del individuo que éste casi no puede desprenderse de sus atributos ni tener perspectiva.

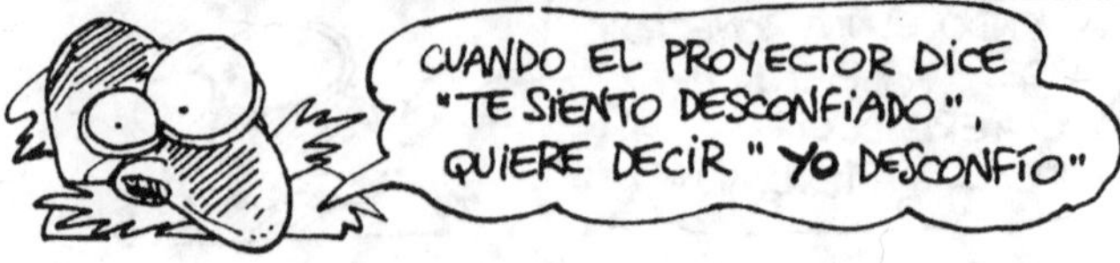

3. Confluencia

En esta resistencia la función del yo se pierde debido a que el individuo no registra ningún límite entre él mismo y el ambiente que lo rodea. Queda abolida la frontera entre él y el medio. Es el estado de un niño recién nacido y resulta natural en él, pero no en un adulto. El confluente vive confundido, no sabe qué quiere, no sabe qué siente, no ve la diferencia entre él y el resto del mundo. Pierde el sentido del **sí-mismo** (self). En la confluencia no se produce el habitual ciclo **contacto-retiro** mediante el cual el individuo mantiene una relación sana con el medio. El confluente no soporta las **diferencias** ni la confrontación.

En la confluencia desaparece toda noción o registro de límite. Ninguna diferencia es tolerada. Todo debe ser igual. Es el caso de los dictadores, los fundamentalistas, los grupos sectarios o los padres que consideran a sus hijos como una simple extensión de ellos mismos.

Fritz Perls escribió una célebre ORACION GESTALTICA, adoptada por muchos y criticada por otros, quienes vieron en ella una inspiración excesivamente individualista o egoísta. Más allá de sus variadas lecturas posibles, algunos autores, como Ginger, ven en esta ORACION una denuncia de la confluencia:

4. Retroflexión

Este mecanismo es el que emplean las personas que se hacen a sí mismas aquello que quisieran hacerle a otras personas u objetos. Las energías dejan de estar dirigidas hacia el contacto con el mundo para concentrarse en su interior. En ese ámbito incluye al mundo adentro de él, sustituyéndose a sí mismo. El **retroflector** invade su propio mundo interior. Un cierto grado de retroflexión es saludable, en tanto se manifiesta como un razonable **control de sí** (Perls sostiene que esto no debe confundirse con el súper-yo freudiano). Cuando es el modo habitual de conducta, la retroflexión deviene en una inhibición masoquista de los impulsos o en una exacerbación de las manifestaciones narcisistas. Un ejemplo: las personas «altruistas» y «sacrificadas» que dejan todo por otro.

El retroflector marca una línea muy clara que marca el límite entre él y el ambiente. Pero la traza por el medio de sí mismo. Se ve a él y a «él mismo» como dos cosas distintas. Dice «Tengo verguenza de mí mismo», «Me lo debo a mí mismo», etc. Parece hablar de dos personas diferentes.

Cuando la retroflexión se hace crónica da lugar a diversas **somatizaciones**. Las emociones y sentimientos dominados y vueltos hacia sí (lo que Laborit llama la **inhibición de la acción**) se manifiestan finalmente como migrañas, cefaleas, dolores de estómago, úlceras, etc.

Carl y Stephanie Simonton, conocidos y prestigiosos por sus investigaciones sobre el cáncer observaron que estadísticamente es importante la cantidad de víctimas de este mal que son personas demasiado controladas, que no manifiestan ni sus emociones negativas (rencor, rabia, tristeza) ni las positivas (alegría, entusiasmo, felicidad). Los retroflectores atacan a su propio sistema inmunológico.

El tema de la confluencia permite advertir, en fin, otra de las diferencias entre la Terapia Gestalt y el Psicoanálisis.

Otros mecanismos

Aunque **resistencia** es la palabra más usada, estos mecanismos de evitación del contacto -que pueden ser sanos o patológicos según la intensidad con que se manifiesten- suelen recibir diferentes nombres según el enfoque de otros tantos gestaltistas.

A los cuatro mecanismos principales, algunos autores gestálticos suman otros. Por ejemplo:

Deflexión

Se caracteriza por conductas de evitación, de desviación. La persona no se involucra ni se compromete en nada y manipula para no hacerlo. Habla de «otras cosas», actúa siempre al margen del mundo exterior. Es una categoría de **Erwin y Miriam Polster**.

Proflexión

Se llama así a una conducta descrita por **Sylvia Crocker**, que combina la proyección con la retroflexión. Consiste en hacerle a otro lo que quisiéramos que nos haga.

Egotismo

Paul Goodman denominó de este modo al mecanismo por el cual un individuo desarrolla exageradamente un ego conocido (nacionalidad, religión, profesión, etc.) a riesgo de anular el resto.

El narcisismo y la hipertrofia del yo se vinculan con el egotismo. Durante un proceso terapéutico, de hecho hay períodos en los que el paciente manifiesta esas actitudes, derivadas del hecho de que ha empezado a ocuparse de sí mismo

Hay terapeutas que, en gestalt, consideran el egotismo como una **herramienta terapéutica** durante un tiempo. Esa conducta, en un proceso de **awareness**, se transforma paulatinamente, en un tránsito -según Jean Marie Robine- «de la **egología** a la **ecología**».

Es importante destacar que en la Terapia Gestalt no se intenta vencer o «atravesar» esas resistencias..

Lo que hace el terapeuta es señalarlas, de manera que el paciente se de cuenta de ellas. Esta toma de conciencia permite adaptar los mecanismos a la situación presente (aquí y ahora). En Gestalt no se olvida que, en determinadas circunstancias, las «resistencias» pueden operar como mecanismos necesarios y saludables de adaptación. Es su aparición en momentos y situaciones inapropiados y su manifestación como respuesta **única** y **rígida** en el ciclo de contacto y retirada lo que las convierte en un mecanismo neurótico prefijado.

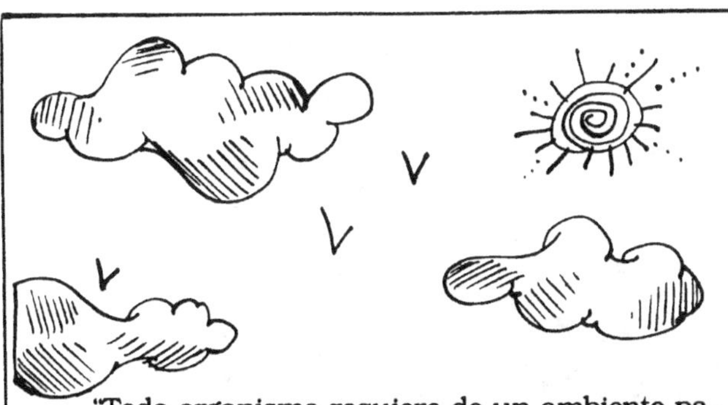

"Todo organismo requiere de un ambiente para intercambiar sustancias esenciales. Necesitamos del ambiente físico para intercambiar aire, alimentos, etc... Necesitamos del ambiente social para intercambiar amistad, amor, rabia... Tenemos que considerar siempre al segmento del mundo en que vivimos **como partes nuestras**."

—Fritz Perls

Neurosis, psicosis y salud

En Gestalt se considera como estado de SALUD a aquel en el cual un organismo (en este caso la persona) está en equilibrio interno y con el medio en el que actúa.

Ese equilibrio es la Homeóstasis. El medio, tanto físico como social, resulta **cambiante**. Por lo tanto también lo es el equilibrio. El proceso homeostático, dice Perls, es aquel mediante el cual el organismo mantiene su equilibrio, **y por lo tanto su salud**, en condiciones que varían. La homeostasis es, en fin, el proceso mediante el cual el organismo satisface sus necesidades.

"Así llegamos a la definición de salud. Es un equilibrio, la coordinación de lo que somos. Digo *somos* y no *tenemos*. Con *tenemos* introducimos una escisión: decimos que *tenemos* un organismo, *tenemos* un cuerpo. Como si hubiera un *yo* que posee ese cuerpo, ese organismo. No es así. *Somos* un cuerpo, *somos* alguien. La cuestión está más bien en *ser* que *tener*. Ahora bien, de lo que somos forma parte también el ambiente. No se puede separar a un organismo del ambiente. A donde vamos llevamos una especie de mundo con nosotros."

En condiciones normales el organismo registra una necesidad (sed, hambre, amor, rabia, luz, compañía, etc, etc,) y se mueve hacia el ambiente para satisfacerla. Entra en contacto con él, la satisface y se retira. Esto se conoce como Ciclo de autorregulación orgánica, Ciclo de experiencia, Ciclo de contacto-retirada o Ciclo de la Gestalt (se completa una Gestalt).

La **NEUROSIS** aparece cuando el «ello» percibe una necesidad pero el «yo» no le da una respuesta adecuada. Se dice entonces que esa respuesta no está **actualizada**: es obsoleta o anacrónica, responde a comportamientos adquiridos en otro momento y lugar de la vida. La acumulación de estos comportamientos (de los cuales las resistencias son un ejemplo) dan lugar a la perturbación neurótica.

Se pierde el ajuste creativo del comportamiento en consonancia con las necesidades.

La **PSICOSIS** se produce cuando la percepción (captación del mundo y los estímulos externos) y la propiocepción (captación del mundo y las necesidades internas) están tan perturbada que entre el sujeto y el ambiente no existe ya ningún ajuste. Está «fuera de la realidad».

De acuerdo con los gestaltistas, el sí mismo de un individuo se integra a partir de tres modos:

Ello: engloba a las necesidades vitales: respirar, caminar, dormir, etc., es decir a los actos automáticos mediante los cuales se satisfacen necesidades vitales.

Yo: es el funcionamiento activo a través del cual se establece contacto con el medio, limitándolo o ampliándolo según la propia **responsabilidad**. Se manifiesta a partir de una toma de conciencia de necesidades y deseos.

Personalidad: es la representación que el sujeto hace de sí mismo, la imagen que le permite reconocerse como responsable de lo que siente o de lo que hace. Integra las vivencias y experiencias anteriores y da el sentimiento de identidad.

El funcionamiento
de la Terapia Gestáltica

En las terapias ortodoxas la neurosis alude a un trauma que el individuo «tuvo» en el pasado. El objetivo del tratamiento es resolver «aquel» problema. Todo el enfoque apunta a tratar de capturar ese punto en el pasado.

En cambio en el **Enfoque Gestáltico** el neurótico tiene un problema continuado **aquí y ahora**, en el presente. El objetivo terapéutico es lograr que el paciente se **dé cuenta** de sus mecanismos de evitación -que perturban su contacto con el ambiente y la resolución de sus necesidades-, para resolver su problema actual, así como otros que pudieran surgir en el futuro. Importa menos si este problema existe **«porque»** algo ocurrió en el pasado, que advertir **cómo** la persona causa hoy sus propias dificultades.

La Terapia Gestalt busca darle al paciente los medios para que resuelva sus dificultades en el aquí y ahora. La herramienta fundamental para ello es el AUTOAPOYO. Este se fortalece en la medida en que el individuo va dándose cuenta permanentemente de sus acciones verbales, físicas o fantaseadas. **Cada dificultad resuelta facilita la la solución de la próxima y aumenta el autoapoyo.**

Por estas razones se considera a la Gestalt como una **Terapia del Aquí y Ahora**. Es también una **Terapia de Contacto**. Se le pide al paciente que preste su atención a lo que hace en este momento, en la sesión, que esté en contacto con sus gestos, sus sentimientos, sus sensaciones, el tono de su voz y también sus pensamientos más urgentes.

Mientras se mantiene en el pasado, el paciente actúa y piensa como si aún estuviera «allá y entonces», en aquellas situaciones y con aquellos personajes determinando sus actitudes y guiando su vida. Puede hablar acerca de eso, pero no basta el relato para recuperar la vivencia.

El terapeuta gestáltico le propone que abandone el mero relato y que transforme su pensamiento acerca del pasado en acciones, en vivencias que le permitan pasar por aquello una vez más hasta descubrir los sentimientos y acciones que quedaron interrumpidos. La Gestalt no cree en deseos o pulsiones reprimidas, sino en actos que quedaron interrumpidos.

En esta terapia se evitan cuidadosamente las interpretaciones...

...y en cambio se apela a preguntas que apuntan a que el paciente por sí mismo tome conciencia...

Todos los pasos y técnicas de la Terapia Gestáltica apuntan, se insiste, a producir el **awareness**. Esto se debe a que sólo al darse cuenta de lo que hace, de lo que le pasa, de cómo lo hace o no lo hace, el individuo puede advertir lo que él Es y cómo ES.

Eso marca un momento importante del proceso terapéutico. Una vez que se da cuenta de cómo es la persona puede aceptarse. La ACEPTACIóN es un concepto esencial en la Terapia Gestalt. Cada organismo es lo que es...

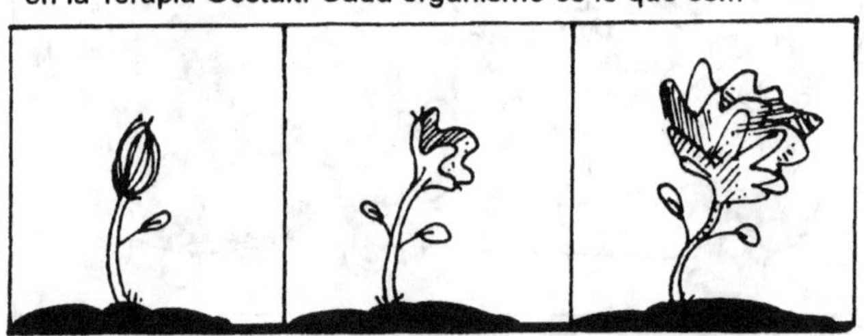

"Una rosa... es una rosa... es una rosa".
(Gertrude Stein)

La aceptación entendida según el enfoque gestáltico, no es resignación, sino que al observar permite establecer contacto y conocimiento. Aceptar que algo o alguien es lo que es resulta el único modo de iniciar un cambio. Y la aceptación es, terapéuticamente, el primer paso en la consolidación del Autoapoyo.

El **AUTOAPOYO** es el proceso por el cual el paciente encuentra sus propios recursos y soluciones a partir de la toma de conciencia de sus mecanismos de conducta y del desarrollo de sus potencialidades.

Este es un aspecto esencial de la Terapia Gestalt. Comunmente la persona que busca un terapeuta desea «cambiar». Los terapeutas que aceptan esto establecen, generalmente, lo que Perls llamó la dicotomía «del opresor y el oprimido».

El terapeuta gestáltico supone que en el paciente hay dos partes en pugna y que la exigencia de cambio es la voz de una de esas partes.

Mediante las técnicas y métodos de la Terapia Gestalt -y tratando de no verse involucrado en la disputa- el Intentará que, a través de un proceso, el paciente tome conciencia de esos aspectos en pugna, que los acepte como partes propias, que experimente plenamente lo que eso le provoca, que se identifique con ambas partes y que las integre. Esa aceptación e integración significan, en sí, un cambio.

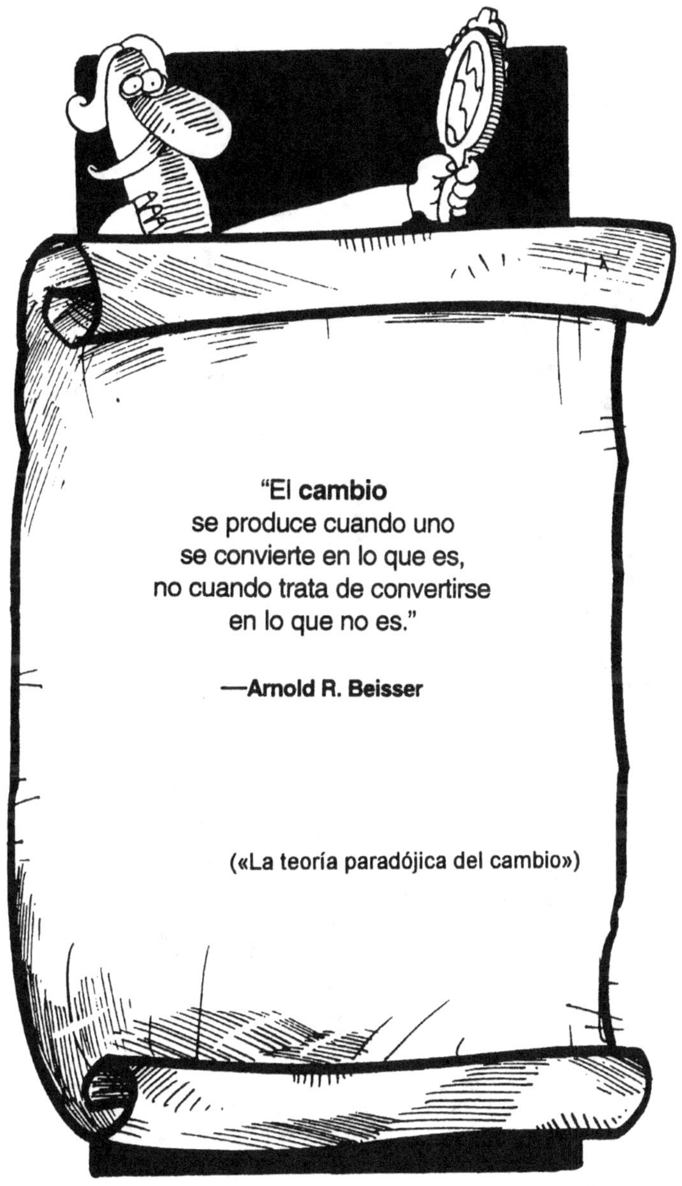
"El **cambio**
se produce cuando uno
se convierte en lo que es,
no cuando trata de convertirse
en lo que no es."

—Arnold R. Beisser

(«La teoría paradójica del cambio»)

En la medida en que se produce la toma de consciencia y la integración de sus partes, el individuo sale del ciclo de acciones interrumpidas o gestalts inacabadas que constituyen su experiencia, empieza a descubrir sus posibilidades y a expandir sus fronteras. Empieza a hacer un buen contacto con el mundo, basándose en sus apoyos internos. Pasa ...

Este es un objetivo esencial de la Terapia Gestalt: el tránsito desde el apoyo externo al Autoapoyo. Eso sería, en síntesis, la maduración de la persona. Se entiende por AUTOAPOYO, entonces, a la capacidad que tiene el individuo de hacerse cargo de sí mismo, de satisfacer sus propias necesidades, de darse cuenta de que es lo que aparece como figura en su aquí y ahora y, en fin, de cerrar sus propias gestalts interrumpidas.

El papel del terapeuta en ese proceso del paciente es el de **acompañar**. Es importante que comprenda antes de racionalizar, que acepte, que no se sienta obligado a actuar. También que esté en contacto, es decir atento a lo que ocurre con el paciente, con sí mismo (en su mente-cuerpo-espíritu), en el ambiente y en la relación entre ambos.

El terapauta está presente y activo, pero no directivo (no da indicaciones, ni «recetas»). Así como incita al paciente a hablar siempre en primera persona, se mantiene él mismo atento a sus propias sensaciones, sentimientos y pensamientos e incluso puede -deliberadamente- compartir algunos. Abraham Levitzky, discípulo directo de Freud, señáló que, en cierto modo, la Gestalt es también una «terapia centrada en el terapeuta»

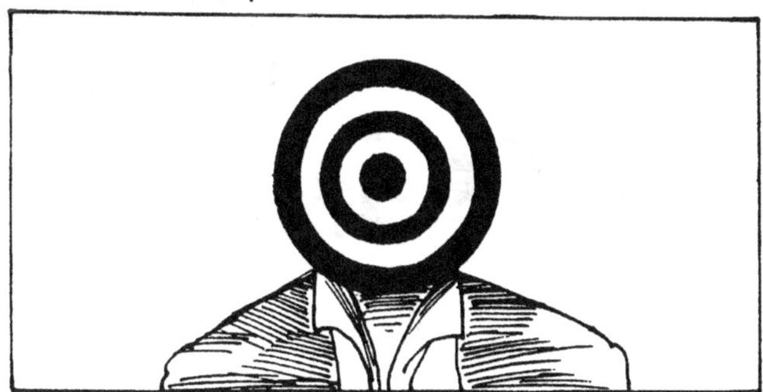

En definitiva, puede decirse que la relación entre el
terapeuta y el paciente se establece, en gestalt, en tres niveles:

EL TERAPEUTA EN <u>EMPATÍA</u> CON EL PACIENTE ("en él").

EL TERAPEUTA EN <u>CONGRUENCIA</u> CONSIGO ("en mí").

AMBOS EN <u>SIMPATÍA</u> EN UNA RELACIÓN YO/TÚ
("entre nosotros").

En la Terapia Gestalt se busca impedir, también, que el paciente **transfiera** al terapeuta características propias o que lo vea como un personaje de su «reparto»...

De la misma manera, se procura evitar las identificaciones «positivas» (madre sobreprotectora, «pecho bueno», etc.) que conducen a una adhesión del paciente al terapeuta por tiempo ilimitado

Sonia Nevis elaboró, en el Instituto Gestáltico de Cleveland (EE.UU.) un cuestionario con 12 preguntas para los terapeutas en formación. De las conclusiones surge el siguiente cuadro:

Características generales del terapeuta gestáltico

√ Habilidad para **decir las cosas en forma precisa**, concisa, clara y directa.

√ Habilidad para **determinar el "aquí y ahora"** y permanecer en el presente.

√ **Sensibilidad sensorial** y funcionamiento corporal.

√ **Contacto con las emociones propias** y habilidad para servirse de la toma de conciencia en forma directa y abierta con los otros.

√ Capacidad para **discriminar los datos fenomenológicos** (observados) de la interpretación.

√ **Darse cuenta de las propias intenciones** (qué quiero decir o hacer) y tener habilidad de hacer ver con claridad a los demás qué quiere de ellos.

√ Centrarse en el *continuum* del proceso, seguir el camino de la experiencia, **confiar en que algo importante se desarrollará** y llegará a su cierre.

√ Capacidad para **ser firme y suave** en una misma sesión.

√ Habilidad para **aceptar y enfrentar situaciones emocionales** entre sí y lo otros.

√ Habilidad para mostrarse de **forma atractiva sin imponer una presencia carismática.**

√ Darse cuenta de los **puntos trascendentes y creativos** de su trabajo.

La Gestalt y los dos hemisferios

Hoy se sabe que, desde antes del nacimiento, se produce en el ser humano una diferenciación de sus dos hemisferios cerebrales. El izquierdo rige las actividades verbales, lógicas, analiticas y científicas. El derecho se vincula con lo espacial, analógico, sintético y artístico. En el izquierdo caben el razonamiento, el pensamiento, la deducción, la noción de espacio. En el derecho, la intuición, la emoción, la fantasía, la noción de tiempo. Se dice que las personas piensan con el hemisferio izquierdo y sueñan con el derecho.

De acuerdo con esta distribución de las funciones cerebrales, se puede advertir que las terapias ortodoxas requieren más del hemisferio izquierdo, mientras que la Terapia Gestalt precisa del derecho.

En la medida en la que esta terapia trabaja con la movilización corporal, las imágenes, los sueños y la emoción, puede ser considerada -al igual que aquellas que integran a lo corporal y a lo emocional- como una «psicoterapia del cerebro derecho».

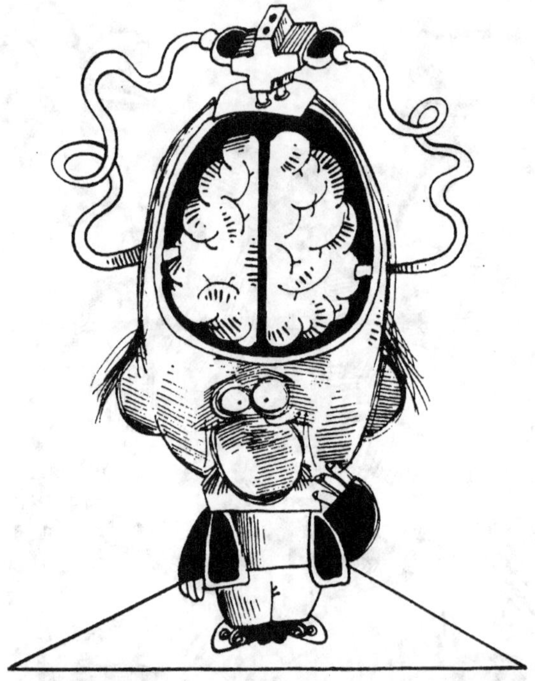

Sin embargo, ambos hemisferios están conectados, e intercambian velozmente información, a través de 200 millones de fibras que forman el cuerpo calloso. Reciben toda la información -externa e interna- a un mismo tiempo y la procesan según sus características.

Se sabe que el predominio del hemisferio izquierdo incide en el contenido del discurso, inclina hacia la escritura, proporciona un pensamiento más organizado y consciente, faculta a recordar los nombres de las personas, acentúa el caracter optimista y la sociabilidad y otorga un sentimiento de «Yo en el mundo».

El hemisferio derecho, en cambio, impulsa al ahorro de palabras, capacita para una captación sistémica de las situaciones, despierta la sensibilidad hacia el sonido y la entonación de la voz, permite un reconocimiento de las personas por las caras (Gestalt global) y enfatiza los rasgos taciturnos y pesimistas así como el sentimiento de «El mundo en mí».

Gran parte de las técnicas gestálticas tienden a fomentar la participación del hemisferio derecho al movilizar la emoción y permitir un nuevo abordaje de los problemas. Por otra parte, al tratarse de una terapia integradora, lo que propone no es la anulación de un hemisferio en beneficio del otro, ni la supremacía de uno sobre el otro, sino el desarrollo armónico de las potencialidades de ambos.

Al estimular la participación del hemisferio derecho, la Terapia Gestalt se propone, también, como una psicoterapia creativa. Abraham Maslow situó a la creatividad en el tercer nivel entre las necesidades humanas.

Según el mismo Maslow una parte esencial de cualquier acto creativo es «perderse en el presente». Su pensamiento coincide en mucho con el de Perls acerca de la creatividad...

Joseph Zinker, discípulo de Perls, fue uno de los primeros en estudiar a la Terapia Gestalt como un proceso creativo en el cual el terapeuta es una parte.

El mismo Zinker, junto a **Sonia y Edwin Nevis**, estudió los factores que bloquean la creatividad del paciente, del terapeuta o de un grupo y los ennumeró así:

"Nuestro propio crecimiento es como un proceso creativo en el que debemos abandonar o restructurar ciertas formas de existencia, y en el ejercicio de la libertad inventar nuevas formas o modos de experimentar. Para ser creativo hay que ser libre. Libertad es la consecuencia de *dejarse ser*. Al pasar de estar fijos al dejarnos ser, nos movemos de los mecanimos, de los rituales religiosos, a la experiencia infinita del ser?

—Joseph Zinker

Los territorios de la Gestalt

Tras la muerte de Perls la Gestalt continuó con su expansión geográfica y social. Geográficamente, alcanzó una creciente difusión en el mundo y socialmente el enfoque empezó a ser aplicado cada vez en más actividades y situaciones.

A partir de 1972, y hasta 1976, se abrieron en Estados Unidos alrededor de **40** institutos de capacitacion gestáltica. Cinco años después -a comienzos de los años 80- ya eran más de setenta

La línea de Cleveland pone el acento en el desarrollo de la teoría. Allí se formaron, en realidad, la mayor parte de los teóricos de esta Terapia. Quienes se identifican con esa vertiente son los mayores productores de libros y documentación gestáltica. Ellos ponen especial énfasis en el estudio de la psicopatología, la psíquis y los procesos fisiológicos como elementos nutrientes del terapeuta.

A medida que cobró impulso y desarrollo, el enfoque gestáltico se orientó en tres grandes corrientes, conocidas genéricamente como Nueva York, Cleveland y California. En la rama neoyorquina o «del Este» (que incluye también a Boston) se cuentan los primeros y más cercanos discípulos y camaradas de Perls. De hecho él fundó en esa ciudad, en 1952, el primer instituto de Gestalt. Esta escuela se caracterizó, sobre todo por un sostén verbal y mantenía todavía -por esa vía- vínculos con el psicoanálisis.

La rama de **California** está enraizada en el período de la vida de Perls transcurrido en Esalen, Big Sur, San Francisco y Los Angeles. De alguna manera comprende a las expresiones más espectaculares y avanzadas del ejercicio gestáltico. Da preeminencia a todas aquellas experiencias en que lo emocional, lo corporal y lo espiritual tienen un papel decisivo. Esta corriente encarna la «segunda fundación de la Gestalt», producida cuando Perls encontró obsoletos muchos de los postulados iniciales, se rodeó de nuevos colaboradores y encaró nuevas búsquedas.

Entre los principales nombres de la rama Este se cuentan Joel Latner, Paul Goodman, Isadore From.

En Cleveland: Laura Perls, Joseph Zinker, Edwin y Miram Polster, Irma Shepherd.

En el Oeste: Fritz Perls, Claudio Naranjo, Jim Simkin, Abraham Levitsky, Robert Hall, Gideon Schwarz, Jack Downing, John Enright.

Las tendencias, de todas maneras, se han nucleado y fusionado debido a movimientos y pasajes internos, de manera que si hay algún enfrentamiento éste puede sintetizarse así:

Los gestaltistas del Este acusaban a Perls de que, al instalarse en California, se había convertido en un «hippie» que quitaba seriedad al enfoque terapéutico. Simplificando, esto se prolongó luego en la controversia entre los «teóricos» (Este) y «técnicos» (Oeste). Según aquellos éstos sólo atienden a las técnicas, sin profundizar en los sustentos teóricos. Desde el Oeste suele responderse que los «teóricos» proponen la «fosilización» y «burocratización» de la Gestalt frente a la flexibilización, vitalidad y creatividad permanentes.

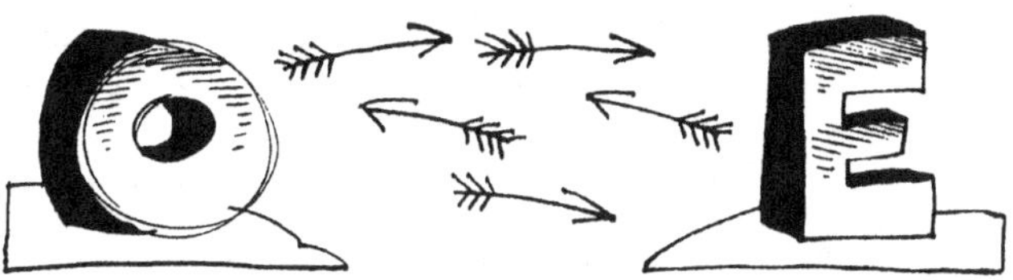

Claudio Naranjo (junto a Hall y Downing considerado sucesor de Perls) sostiene que lo importante -por encima de la «sistematización» teórica- «es el encuentro existencial en el que se convierte la relación terapéutica». Antes que de teoría él prefiere hablar del **espíritu de la Gestalt.**

Los gestaltistas más cercanos al espíritu de Perls sostienen que los teóricos «duros» buscan poner fronteras a la Gestalt, lo cual la conduciría a una etapa burocrática, fosilizándola.

De hecho la Terapia Gestalt traspuso sus fronteras geográficas iniciales y se expandió en el mundo no sólo como método terapéutico sino también como un enfoque holístico y una forma de vivir. Existen centros de capacitación gestáltica en Alemania (el primero se fundó en 1972 en Dusseldorf), en Australia, en México, en Bélgica, en Francia, en Canadá, en Japón (donde se inició en 1978 el Gestalt Institute of Japan), en Brasil, en España, en México, en Uruguay, en Chile, en Argentina.

En el mundo de habla hispana la Argentina y Chile resultaron pioneros en la adopción y profundización del enfoque gestáltico en el área de la salud, la educación y el desarrollo personal. Esto ocurrió a principios de la década de los años 70. Los primeros gestaltistas de América del Sur (con excepción de Naranjo, quien emigró a California hacia mediados de los 60, luego de haber introducido en su país las primeras nociones y experiencias de la nueva corriente) se formaron con la Doctora **Adriana Schnacke**, médica psiquiatra chilena.

Conocida como **Nana** (o «la» Nana), la doctora Schnacke orientó, ya en 1970, sus cátedras de Psiquiatría y Psicología médica en la Universidad de Chile en un sentido gestáltico.

148

La dictadura del General Pinochet -al arrasar todo vestigio de creatividad y humanismo en el campo de la cultura, la salud, la educación, la ciencia- dificultó el trabajo de los gestaltistas pioneros, aunque no impidió la difusión de su enfoque....

...y, paradojicamente, contribuyó a convertir a Buenos Aires en el centro de desarrollo más importante de la terapia Gestalt. Aquí, en 1973 (año del golpe de Estado chileno), Nana hizo sus primeros Laboratorios de Terapia Gestáltica y tomó contacto con psicólogos, médicos y trabajadores de la salud que serían sus discípulos y se desarrollarían a su vez como terapeutas, divulgadores, investigadores y maestros de la nueva corriente.

En 1976 el «proceso» (la sangrienta dictadura que devastó territorio, vidas e instituciones durante siete años) ensombreció a la Argentina y convirtió en casi clandestinas a las actividades psicoterapéuticas, investigativas y de desarrollo educacional o creatividad, pero aún así el enfoque gestáltico siguió desarrollándose y sumando adeptos.

Así fue como a fines de aquella década se creó la Asociación Gestáltica de Buenos Aires (AGBA), cuya presidenta honoraria es la Doctora Schnacke. Veinte años más tarde el enfoque de la Terapia Gestáltica en la Argentina se extiende a la educación, al arte, al campo de las empresas, a la medicina, a múltiples propuestas de desarrollo del potencial humano.

Como producto de este proceso, en junio de 1995 Buenos Aires fue sede del Sexto Congreso Internacional de Gestalt, organizado por la AGBA.

La Gestalt y sus aplicaciones

No solamente las fronteras geográficas fueron traspasadas por la Terapia Gestalt, sino también la concepción limitante según la cual un método terapéutico sólo es aplicable a la «cura» de la «enfermedad».

La práctica y las investigaciones de los gestaltistas, desde Perls en adelante, pusieron gran atención a las posibilidades de este enfoque en los campos de la salud, es decir en aquellas situaciones y actividades en las cuales las personas buscan desarrollar e integrar sus potencialidades.

Desde el punto de vista terapéutico la Gestalt se aplica en el tratamiento de psicóticos, neuróticos, enfermos psicosomáticos, enfermos terminales, alcohólicos, fumadores, drogadependientes, bulímicos, anoréxicos, depresivos y suicidas, traumatizados sexuales, fóbicos, etc, etc.

Por otra parte, y de acuerdo con su visión integradora, la Gestalt puede asociar sus métodos con los de otras terapias psicocorporales: Bioenergética, Análisis Transaccional, Programación Neurolinguística, Psicodrama, Rolfing, Yoga, Masajes, Eutonía, Rebirth, Terapia del Arte, etc.

El enfoque gestáltico se aplica, además, en numerosas y variadas instituciones:

La terapia de parejas y la terapia familiar son dos campos en los cuales la Gestalt demuestra gran eficacia.

La espiritualidad, los rituales, las prácticas que exploran la ampliación de la conciencia son otros campos en los cuales esta corriente hace aportes fecundos y de los cuales, a su vez, se nutre.

Por su variedad de recursos y de lenguajes (verbal, corporal, metafórico), la Gestalt tiene un gran valor en el campo social. Permite al trabajador social trabajar en grupos, individualmente, observar el conjunto, la interacción entre el individuo y el ambiente...Puede registrarse a sí mismo en esa relación y manejar la empatía, puesto que en su función la «objetividad» y la «neutralidad» no son posibles y, a menudo, tampoco deseables.

Para explicarse esta plasticidad y esta riqueza de posibilidades, habría que recorrer -ahora en perspectiva- el nacimiento y conformación de esta terapia, así como las ideas y vivencias de su creador. La Terapia Gestalt puede adaptarse y recrearse como hemos visto porque no se trata de una fórmula rígida y única que se aplica a los otros, sino algo que se hace con los otros. Y estos son siempre distintos, únicos e intransferibles.

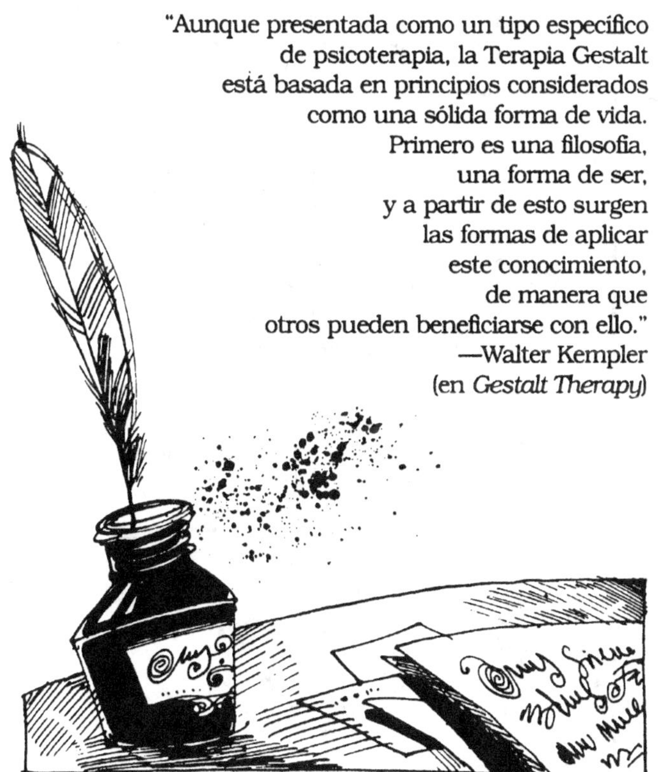

"Aunque presentada como un tipo específico
de psicoterapia, la Terapia Gestalt
está basada en principios considerados
como una sólida forma de vida.
Primero es una filosofía,
una forma de ser,
y a partir de esto surgen
las formas de aplicar
este conocimiento,
de manera que
otros pueden beneficiarse con ello."
—Walter Kempler
(en *Gestalt Therapy*)

Prácticamente ha transcurrido un siglo desde las primeras manifestaciónes de la Teoría de la Forma hasta el actual florecimiento de la Terapia Gestalt. Puede decirse que ese proceso ha sido, en sí, gestáltico: significó el desarrollo de una potencialidad.

Aquí y ahora, estas son algunas de las definiciones sobre la Gestalt:

"Es una llave para abrir la frontera entre el exterior y el interior, entre yo y el mundo." —Serge Singer
"En la Terapia Gestalt hemos aprendido que los opuestos no son tales, sino una realidad a ser integrada." —Kita Cá
"La Gestalt me conecta con lo organísmico. Me da seguridad y confianza y me devuelve a mi propio límite. Me impide evadirme buscando soluciones de otros y huyendo de mi aquí y ahora." —Nana Schnacke

Y, por fin, en el cierre de este viaje por el orígen y desarrollo de una corriente que contribuyó a revolucionar y revitalizar a las psicoterapias contemporáneas, cabe preguntarse: ¿qué camino abrió Fritz Perls con la Gestalt? Esta es su respuesta:

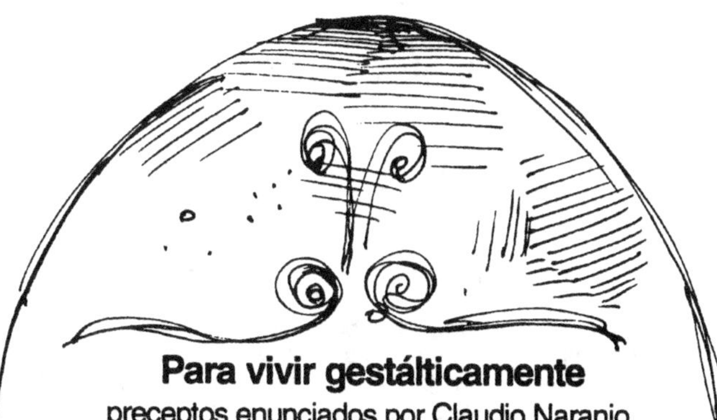

Para vivir gestálticamente

preceptos enunciados por Claudio Naranjo

1. **Vive ahora**. Preocúpate del presente antes que del pasado o del futuro.

2. **Vive aquí**. Ocúpate de lo que está presente antes de lo que está ausente.

3. Deja de imaginar cosas. **Experimenta lo real**.

4. **Deja de pensar en cosas innecesarias**. En lugar de ello gusta y mira.

5. **Expresa** en vez de manipular, explicar, justificar o juzgar.

6. Entrégate a la desazón y al dolor de la misma manera en que te entregas al placer. **No limites tu conciencia**.

7. No aceptes otros "debes" ni "deberías" más que los que tú te impongas. **No adores a ídolo alguno**.

8. Asume plena responsabilidad por tus acciones, sentimientos y pensamientos.

9. **Acepta ser como eres**.

Breve diccionario gestáltico

AGRESIVIDAD: Fritz Perls la consideraba una pulsión de vida, necesaria para evitar las introyecciones y asimilar activamente el mundo exterior. «Es necesario morder la manzana para poder digerirla».

AMPLIFICACION: Técnica consistente en intensificar progresivamente los gestos automáticos (un leve golpeteo de los dedos, sacudida de la cabeza, etc.), los sentimientos espontáneos o las sensaciones hasta hacerlos explícitos y poder darse cuenta (la persona que los hace) de qué se evita con ellos, a qué sustituyen o para qué sirven.

ANGUSTIA: Según Perls, la brecha que se abre entre el ahora y el después. Paralización de nuestra energía vital al dudar acerca de si nuestra acción será aprobada o reprobada. El modo de evitarla es permanecer en el presente, ya que en él la excitación fluye hacia la actividad espontánea en curso.

APOYO EXTERNO: Sucedáneos del autoapoyo, que se obtienen a partir de mecanismos de manipulación. Estos mecanismos van desde la autoconmiseración («Pobre de mí, que solo no puedo...»), hasta la lisonja («Sólo tú puedes ayudarme...») o la amenaza velada («Te lo digo para tu bien...) entre otros.

APRENDIZAJE: Aprender es descubrir, señala Perls. No hay otro medio efectivo para el aprendizaje. «Uno le puede decir mil veces a un niño que la cocina está caliente, pero de nada sirve: él tiene que descubrirlo por sí solo». El aprendizaje sobreviene como consecuencia del cumplimiento del ciclo de la experiencia. Cuando éste es interrumpido, una Gestalt permanece inconclusa y hay algo que no se aprende.

AQUI Y AHORA: Las sensaciones, las vivencias, la experiencia sensorial, el contacto que describen una situación en el momento en el que acontece. Alude a un contínuo estado de presente. Significa, según Deshimaru, «estar enteramente en lo que se hace y no pensar ni en el pasado ni en el futuro.

Cuando se tiene que pensar se piensa aquí y ahora, se recuerda aquí y ahora. Mi autobiografia pertenece al pasado. Mis proyectos al futuro.La sucesión de aquí y ahora se hace cósmica y se extiende hacia el infinito». Perls prefería el «ahora y cómo», que describe el desarrollo de la interacción, en el presente, con un otro.

ASERTIVIDAD: Característica del lenguaje y la conducta que afirma el sí. Consiste en defender y plantear los propios sentimientos, sensaciones y necesidades, de manera directa y sin negar los de los otros.

ATENCION: Actitud que conduce a estar en el presente, concientes de nuestras necesidades, sensaciones, sentimientos y mecanismos de contacto. Quien está atento se da cuenta y se hace cargo de sus actos. La atención nos coloca en estado de alerta acerca de nuestra persona y de lo que nos rodea. Nos permite discriminar. Según Castaneda es una de las cuatro armas imprescindibles del «Guerrero» (hombre sabio). Gestálticamente la atención no es algo que «va y viene», se conecta y se desconecta, sino una actitud de vida.

AUTO-ACTUALIZACION: Modelo según el cual existe un contínuo que va de la manipulación a la actualización. El manipulador ve a los otros como fines y actúa en consecuencia, controlándose a sí y a los otros. Para el actualizador el otro es un fin en sí mismo y frente a él expresa emociones y sentimientos en cuanto surgen. La atención y el darse cuenta llevan a permanecer auto-actualizado. Perls advierte: «Muchas personas dedican la vida a actualizar un concepto de lo que ellos **deben** ser, en lugar de actualizarse **ellos mismos como son.** Esta diferencia entre auto-actualizarse y actualizar la auto-imagen es muy importante».

AUTO-APOYO: La capacidad de la persona para hacerse cargo de sí a partir de la aceptación y el reconocimiento de sus potencialidades. El autoapoyo define a la habilidad para darse cuenta de las propias necesidades en el aquí y ahora y para satisfacerlas, completando así una gestalt.

CARACTER: Para Perls, una estructura rígida de comportamiento. Es la «callosidad» que se produce en la frontera-contacto del individuo y el medio, dando como resultado poca creatividad y flexibilidad en la interacción. Una persona de «carácter» es, en realidad, alguien con una pobre variedad de respuestas a distintos estímulos o necesidades, pobreza que lo hace previsible.

COMO: Pregunta esencial en la Gerapia Gestalt, que alude fundamentalmente a la perspectiva fenomenológica de los procesos. En la relación entre las personas esta pregunta es facilitadora, permite obtener información verdadera e impide el juzgamiento y la cadena de interpretaciones siempre relativas disparada por la búsqueda del «por qué».

CONFLICTO: Situación que sobreviene cuando dos fuerzas internas (en Gestalt generalmente el perro de arriba y el perro de abajo) están en pugna. Muchas de las técnicas de la Terapia gestalt apuntan a que el individuo discrimine a estas fuerzas, se identifique con cada una de ellas, las haga dialogar y encuentre el punto desde el cual puedan interactuar. El conflicto básico aparece, se dice en Gestalt, cuando una persona no se acepta como es.

CONFLUENCIA: Mecanismo de resistencia por el cual se diluye la frontera de contacto entre el individuo y el medio. Aquel no advierte ni tolera diferencias entre él y el resto del mundo. La confluencia en un bebé (con su madre) es normal; en un adulto es patológica.

CONTACTO: Una de las ideas centrales de la Gestalt. Designa a la relación entre el individuo y el mundo. El contacto y la retirada son los dos momentos que abren y cierran el ciclo de la experiencia, que define a toda acción emprendida para la satisfacción de una necesidad identificada. Goodman describió cuatro fases en ese ciclo (precontacto, contacto, contacto pleno y retirada). Otros autores encuentran más, como Katzeff, que describe siete. Lo cierto es que el ciclo de la experiencia, una vez completado, cierra una gestalt y, en tanto se cumple, permite una relación sana y armónica entre la persona y el medio. Las interrupciones o alteraciones de este ciclo (como la proyección, introyección, confluencia, retroflexión y deflexión) son llamadas resistencias y consideradas perturbaciones neuróticas. Cada una de ellas desplaza la frontera y los espacios del individuo y del ambiente.

CONTINUUM DE CONCIENCIA: Estado de alerta sobre las propias percepciones, sensaciones, sentimientos e ideas mientras estas permanecen como fondo de las **figuras** que emergen y captan nuestro interés. Se trata de una conciencia constante sobre el mundo interno, que en una persona sana aparece como un flujo regular y flexible. En un terapeuta gestáltico se trata de un recurso imprescindible.

DARSE CUENTA: Toma de conciencia global en el momento presente. Esto significa atención al conjunto de los procesos corporales y emocionales internos y del medio. Denominado **awareness** por Perls, se trata de una experiencia siempre subjetiva, que no pasa por la comprensión intelectual de ese flujo. Es un proceso total, organísmico, en el que están comprometidas todas las respuestas que una persona pueda dar en todos los campos posibles de su conducta. Significa darse cuenta de sí, darse cuenta del mundo y darse cuenta de la zona intermedia (de la fantasía). A diferencia del **insight**, incluye comportamientos psíquicos y físicos. Latner define al **darse cuenta** como «un aspecto final del funcionamiento sano del individuo; significa aprehender con todos los sentidos el mundo fenomenológico interno y externo, tal como éste es y ocurre». Quien se da cuenta sólo puede hacerlo en el momento presente, en contacto con lo que en ese momento emerge como figura. Por lo tanto, se da cuenta del campo gestáltico total.

DEFLEXION: Resistencia mediante la cual el individuo evita el contacto desviando o haciendo rebotar la interacción hacia la zona intermedia para no tomar contacto con situaciones o personas no deseadas. El deflector usa la energía para evitar centrarse en sí, huye del aquí y ahora a través de temas generales, proyectos, ensoñaciones, chistes, conversaciones banales. Perls llamaba a esto **«masturbación mental»** (mind fucking).

DIALOGO: Técnica que se usa en la Terapia Gestalt para buscar la integración de partes en conflicto. Se usa en los casos en que se advierte una disociación en el individuo: entonces se lo hace experimentar tomando cada una de las partes en lucha y hablando o actuando desde ella. También se lo puede hace dialogar con una persona importante para él y que está ausente, pidiéndole que se identifique con ella. El diálogo puede establecerse entre diferentes partes del cuerpo (mano derecha con mano izquierda, cerebro con corazón, etc.)

ELLO: Para la Gestalt una de las tres funciones del sí mismo,que contiene además al yo y a la personalidad.

ENCUENTRO: Contacto entre la persona y el medio, o entre dos personas o entre dos partes de una persona que produce una modificación o cambio en la estructura de los que se contactan. No hay manera de ni fórmulas para hacer que esto se produzca. Ocurre o no, aunque no se trata de una casualidad. Lo que se puede es preparar las condiciones para que el encuentro sea posible. Para esto hay que desalojar la zona intermedia: fantasía, juicios, prejuicios, expectativas, intenciones, etc. e intensificar la atención y el alerta.

EXPERIENCIA: El conjunto de conocimientos que una persona adquiere acerca de sí a través de la atención, el alerta y el darse cuenta de sus mecanismos y de sus modos de contacto. La experiencia ocurre en el aquí y ahora y se verifica no sólo en el pensamiento, sino de modo sensorial, emocional y afectivo.

EXPERIMENTO: Situación en la que, deliberadamente, se le propone al individuo vivir, sentir, probar (es decir, experienciar) por sí mismo -y generalmente de un modo simbólico- una situación temida o esperada. Con esto se intenta evitar la huída de situaciones penosas. Zinker llama al experimento «la piedra angular del aprendizaje por experiencia. Transforma el hablar acerca de algo en un hacer, y las rancias reminiscencias y teorías en un estar plenamente aquí, con la imaginación, la energía y el interés».

FIGURA-FONDO: Concepto fundacional de la Terapia Gestalt, tomado por Perls de la psicología de la percepción. Básicamente define al hecho de que cuando la atención de una persona se centra en algo esto se hace **figura** y, todo lo demás pasa a un segundo plano operando como **fondo.** Una persona sana tiene la habilidad de discernir la figura dominante en el aquí y ahora (esto es el registro de una necesidad, la percepción de lo que se necesita para satisfacerla y la acción necesaria para lograrlo). Esa figura sólo adquiere todo su sentido en relación con el fondo y nunca aisladamente (esto es darse cuenta.de lo interno y del medio). De esta manera una acción   reacción en el aquí y ahora (figura) se inserta en el conjunto de la situación de la personalidad (fondo). Cuando la necesidad ha sido satisfecha, la gestalt abierta o inconclusa se cierra, la figura retrocede al fondo y de éste emerge una nueva figura. Esta sucesión contínua y cambiante no es más que el ciclo de la ·vida y en ella está comprometido todo organismo vivo.

FORMA: En Gestalt, equivalente a **significado** y opuesto a **significante** (contenido). Alude básicamente al cómo (entonación de la voz, expresiones, gestos, postura, etc.) y es especialmente importante en el proceso terapéutico.

FRONTERA-CONTACTO: (VER CONTACTO): Concepto fundamental en Gestalt, puesto que en la frontera-contacto del individuo con el ambiente es en donde transcurre la terapia. La piel es, organísmicamente, el ejemplo más claro de esta noción.

GESTALT: Palabra de orígen alemán que significa totalidad o configuración. No sólo alude a esa configuración en sí, sino particularmente al modo en que se organizan las partes individuales que la constituyen. La psicología de la Gestalt parte de la premisa de que la naturaleza humana se organiza en formas y totalidades y es en estos términos como la vivencia el individuo. Por lo tanto, sólo puede ser comprendida en función de las formas o totalidades de las cuales se còmpone. Gestalt es así la totalidad del proceso que incluye acciones, emociones y pensamientos que fluyen desde la aparición de una necesidad hasta su satisfacción. Dice Perls: «Cuando el objeto catexial, ya sea su catexis positiva o negativa, ha sido apropiado o aniquilado, contactado o alejado, o tratado de alguna manera satisfactoria para el individuo, entonces tanto el objeto como la necesidad con la cual está asociado desaparecen del ambiente y se dice que la Gestalt está cerrada». Una Gestalt abierta es una necesidad insatisfecha o un asunto inconcluso y mientras permanece así impide la aparición de nuevas gestalt, dificultando además el continuum del ciclo de la experiencia.

HOLISMO: Del griego «holos», que significa todo. Hace alusión a la relación de la parte con el conjunto. La teoría holística fue planteada por el general Smuts, primer ministro de Sudáfrica, en su libro **Holismo y Evolución (1926)** y Perls la conoció y fue seducido por ella cuando vivió en aquel país, exiliándose a causa de la persecusión nazi. Smuts desarrolló la teoría a partir de ideas de Darwin, Bergson, Einstein y Teilhard de Chardin. El holismo se desarrolló y tomó fuerza como una respuesta al dogmatismo de las teorías que afirman que sólo es importante el cuerpo o sólo la mente. Sostiene que esa separación de mente y cuerpo constituyen las debilidades básicas de las psicoterapias tradicionales. Las corrientes enroladas en la Tercera Ola psicoterapéutica, de la cual forma parte la Terapia Gestalt son **holísticas**. Perls señala: «El organismo actúa y reacciona al organismo con mayor o menor intensidad; a medida que la intensidad disminuye el comportamiento físico se convierte en comportamiento mental. A medida que la intensidad aumenta, se convierte en comportamiento físico.(...) Una vez reconocido que los pensamientos y las acciones son hechas de la misma energía, podemos traducirlos y trasponerlos de un nivel a otro».

HOMEOSTASIS: Principio general de la **autorregulación** de los organismos vivos. El proceso homeostático es aquel por el cual organismo mantiene su equilibrio -y por lo tanto su salud- en medio de condiciones cambiantes. Es decir, se trata del proceso mediante el que el organismo satisface sus necesidades. Las necesidades son constantes y variadas, de manera que cada una de ellas altera el equilibrio y obliga a su reconstrucción. La **homeostásis** es, por lo tanto, un fenómeno de equilibrio inestable, que ocurre todo el tiempo. Quien primero enunció este principio fue, en 1926, Cannon. Para que el proceso homeostático se cumpla, el individuo tiene que poseer la capacidad de registrar su necesidad y de saber cómo manejarse a sí mismo y a su ambiente en pos de la satisfacción de la misma.

IMPASSE: Situación de bloqueo psíquico o paralización, aparentemente sin salida, que se produce cuando, según Perls, se está en el «núcleo» del problema. Aparece cuando, en el curso del proceso terapéutico el paciente se acerca a un su punto fóbico. Entonces suele caer en reiteraciones, se niega a seguir, afloran todos sus mecanismos de evitación. La forma de salir es adoptando nuevos caminos que permitan ir atravesando -desde afuera hacia adentro- las sucesivas capas de conductas neuróticas hasta tocar las capas más verdaderas. Esto suele ser acompañado de estallidos emocionales que rompen el bloqueo.

INTEGRACION: Proceso por el cual una **proyección** llega a ser aceptada como propia. El individuo deja de comportarse desde uno solo de dos polos opuestos de su personalidad y recupera un aspecto alienado, desvalorizado y colocado «afuera». El camino de la integración pasa por llegar al fondo de una sensacíon o sentimiento, haciéndose responsable de los propios sentimientos, pensamientos, palabras y acciones.

INCONSCIENTE: Aunque la Gestalt no los niega, no atribuye a los fenómenos del inconsciente el papel principal en el proceso terapéutico. La Terapia Gestalt invierte el camino de las psicoterapias tradicionales y va desde las manifestaciones aparentes o más superficiales (corporales, emocionales o mentales) hasta las capas más profundas.

INTERRUPCION: Consecuencia del comportamiento neurótico, que corta el flujo de energía en cualquier parte del ciclo de la experiencia e impide el restablecimiento del equilibrio homeostático.

INTROYECCION: Una de las resistencias básicas, consistente en aceptar -sin metabolizar- todas las ideas, principios o dogmas de los otros sin personalizarlas. Los introyectores siguen al pie de la letra, por ejemplo, todos los **deberías** que se les imparten.

LABORATORIO: Una de las técnicas más utilizadas en la Terapia Gestalt, consistente en un trabajo grupal para vivir en el aquí y ahora, a través de experimentos, el verdadero contacto de cada participante consigo y con los demás.

MADUREZ: De acuerdo con Perls, esta sobreviene como consecuencia del proceso de transformación desde el apoyo ambiental al autoapoyo. Completar ese proceso es el objetivo de la Terapia Gestalt: lograr que el individuo no dependa de otros, sino que descubra prontamente que es capaz de hacer muchas más cosas de las que imaginaba.

MONODRAMA: Técnica proveniente del psicodrama y muchas veces utilizada en Gestalt. Consiste en hacer representar al paciente diferentes papeles dentro de la situación que él evoca. De este modo puede dialogar con distintas partes de su cuerpo o personas de su vida y emitir él mismo las respuestas imaginadas, deseadas o temidas.

NECESIDAD: Un impulso al cual resulta imposible sustraerse. A diferencia del deseo, la necesidad designa a una carencia de algo que resulta indispensable para la subsistencia. Esa carencia significa un riesgo o peligro que exige auxilio pronto. Las necesidades pueden ser orgánicas, psicológicas, sociales o espirituales y no siempre son prontamente percibidas o expresadas. La Gestalt presta atención a las necesidades por sobre los deseos, y el proceso terapéutico apunta a señalar las interrupciones, bloqueos o distorsiones (resistencias) que interrumpen o perturban el ciclo de satisfacción de las necesidades.

NEUROSIS: Es definida en Gestalt como un estado de ruptura del equilibrio homeostático en el individuo, que aparece cuando éste y el grupo o medio del cual forma parte experimentan necesidades diferentes y la persona no puede determinar cuál es la dominante. La repetición de esta experiencia hace que el individuo se vea lo suficientemente perturbado como para perder la capacidad de juzgar adecuadamente el estado de balance o desbalance de cualquier situación.»El neurótico no puede ver claramente sus propias necesidades y por lo tanto no las puede satisfacer» (Perls).

OBVIO: Es aquello que puede ser captado por los sentidos. En la Terapia gestalt se hace hincapié en no confundir lo obvio con lo que la persona imagina, cree ver o «da por sentado o por sabido». Debido a las **resistencias** suele ser muy frecuente que lo obvio sea justamente lo que menos se ve.

PERRO DE ARRIBA Y PERRO DE ABAJO: Perls los denominó **Top-dog** y **Underdog**. El **perro de arriba** es lo que en psicoanálisis se conoce como Superyó y también como conciencia. «Es lleno de virtudes, ejemplar y autoritario, siempre tiene la razón», lo describe Perls. «Es un matón y funciona con **tú debieras** y **tú no deberías**. Se maneja con exigencias y amenazas de catástrofes tales como si no accedes no serás querido, no irás al cielo, te morirás y cosas por el estilo». El perro de arriba es siempre normativo. Es directo y claro. El psicoanálisis, advierte Perls, olvidó al **perro de abajo**, que es tan real como el de arriba. El perro de abajo dice a todo que sí, «te lo prometo», «estoy de acuerdo», «lo haré mañana si puedo». Es defensivo, apologético, adulador, se hace el bebé llorón. Es hábil y astuto, dice Perls, y por lo general saca la mejor parte porque es más manipulador y menos primitivo que el de arriba. Ambos perros luchan por el control de la persona y la fragmentan en controlador-controlado. El conflicto interior que motorizan no se resuelve porque ambos luchan por sus vidas. «Si la persona se empeña en cumplir con las expectativas perfeccionistas del perro de arriba, el resultado será una crisis nerviosa o una fuga a la psicosis. Esta es una de las herramientas del perro de abajo». Perls añade que la manera de resolver esta lucha entre «los dos payasos belicosos» es darnos cuenta de nuestra conducta, reconocerla y llegar a entender que el punto de reconciliaciones abandonar toda pretensión de control interno o externo y dejar que sea la situación la que controle. «Mientras menor sea la confianza que tenemos en nosotros mismos, menor es el contacto con nosotros y el mundo, mayor nuestro deseo de controlar». El conflicto, de todas maneras, nunca desaparece (la resolución de uno da lugar a la aparición de otro), aunque ubicarse en el centro del campo de batalla permite visualizar a ambos polos y alcanzar la aceptación.

POLARIDADES: Características del comportamiento humano (amor-odio, agresividad-ternura, raciocinio-intuición, coraje-miedo, etc, etc.) cuya integración armónica es el objetivo de la Gestalt. No se busca la eliminación de una en provecho de la otra, ni el encuentro de un «justo medio» (ambos ilusorios y empobrecedores) , sino la complementación.

PROYECCION: Forma de resistencia que consiste en atribuir a otro un aspecto rechazado de sí. La paranoia es una forma extrema de esta resistencia. El paranoico, según Perls, es incapaz de soportar la responsabilidad de sus propios deseos y sentimientos y se los adjudica a objetos y personas en el ambiente. Su convicción de que está siendo perseguido es, de hecho, la afirmación de que quisiera perseguir a otros.
«En lugar de ser un participante activo de su propia vida, el proyector se convierte en un objeto pasivo, víctima de las circunstancias».

RESISTENCIA: Concepto fundamental en Terapia Gestalt. Designa a aquellos mecanismos del comportamiento que, a fuerza de repetición, se oponen al libre desarrollo del ciclo de contacto o de satisfacción de las necesidades. Perls definió cuatro resistencias (o «mecanismos de perturbación de los límites de contacto») básicos: introyección, proyección, confluencia y retroflexión. Otros autores agregan otros (como deflexión, proflexión, egotismo, etc.)

RESPONSABILIDAD: Habilidad o capacidad para encontrar la respuesta a las propias necesidades y hacerse cargo de sí. Responsabilidad significa **responsa-habil** (respuesta hábil). El ejercicio de la responsabilidad es aquel por el cual nos damos cuenta de nuestras emociones, sentimientos, pensamientos, palabras y acciones y nos hacemos cargo de ellas, no a la manera de un «mea culpa', sino como reconocimiento de su existencia. La responsabilidad no se centra en lo que una persona siente, puesto que esto surge espontáneamente en ella, sino en lo que esa persona hace con lo que siente. La responsabilidad significa hablar en primera persona. El «yo», apunta Perls, desarrolla el sentido del individuo sobre los propios sentimientos, pensamientos y síntomas. El «soy» es un símbolo existencial. «Trae a colación lo que vivencia como formando parte de su ser, que junto con su ahora, es su llegar a ser. Rápidamente aprende que cada nuevo ahora es distinto del anterior».

RETROFLEXION: Resistencia consistente en regresar contra sí la energía movilizada, o hacerse a uno lo que se desea hacerle a los demás. El retroflector sustituye al ambiente por sí mismo y llega a convertirse en su peor enemigo.

SALUD: Característica del individuo que puede vivir alerta en el aquí y ahora, sintiendo sin rechazar sus sentimientos, haciéndose responsable de ellos y de sus acciones, sin estar sometido a los fantasmas del pasado ni ansioso por controlar el futuro. El hombre sano es el que puede vivir contacto significativo con su medio sin ser absorbido totalmente por este y sin retirarse completamente de él. Es lo que Perls llama «el hombre bien integrado». Y propone: **«El fin de la psicoterapia es crear precisamente este tipo de hombres».**

SILLA VACIA: Técnica preferida por Perls, quien la usó especialmente a partir de 1964. Consiste en pedirle al paciente que se instale frente a un asiento vacío y que imagine sobre éste a un personaje (por ejemplo, su padre) a quien necesita dirigirse. La «silla vacía» puede ser un almohadón y puede situarse en lugares variables según el paciente lo vaya colocando.

Libros recomendados

Piedra Libre, Terapia Gestáltica, Mabel Allerand (Planeta, Buenos Aires, 1992).

Teoría y Técnica de la Psicoterapia Gestáltica, Joen Fagan e Irma Shepherd compiladoras (Amorrortu, Buenos Aires, 1989).

Fritz Perls, aquí y ahora, Jack Gaines (Cuatro Vientos, Stgo. de Chile, 1989).

La Gestalt, una Terapia de contacto, Serge y Anne Ginger (Manual Moderno, México, 1993).

La Multiplicación de los Espejos, Elsa Lanza, Kita Cá (Planeta, Buenos aires, 1994).

Fundamentos de la Gestalt, Joel Latner (Cuatro Vientos, Stgo. de chle 1994).

Gestalt Transpersonal, Viaje hacia la Unidad, Marcela Miguens (Era Naciente, Buenos Aires, 1993).

La Gestalterapia, A.Moreau (Sirio, Málaga, 1987).

Gestalt sin fronteras, Testimonios del Legado de Fritz Perls, Claudio Naranjo (Era Naciente, Buenos Aires, 1993).

La Vieja y Novísima Gestalt, Cladio Naranjo (Cuatro Vientos, Stgo. de Chile, 1990).

Dentro y fuera del tacho de basura, Fritz Perls (Cuatro Vientos, Stgo. de Chile, 1987)

El enfoque gestáltico, Fritz Perls (Cuatro Vientos, Stgo. de Chile 1986).

Sueños y existencia, Fritz Perls (Cuatro Vientos, Chile 1987)

Terapia Gestáltica, Erving y Miriam Polster (Amorrortu, Buenos Aires, 1985)

Sonia, te envío los cuadernos café, Adriana Schnacke (Estaciones, Buenos Aires, 1987)

No empujes el río, Barry Stevens (Cuatro Vientos, Stgo. de Chile, 1979).

Darse Cuenta, John O. Stevens compilador (Cuatro Vientos, Stgo. de Chile, 1988).

Esto es Gestalt, John O. Stevens compilador (Cuatro Vientos, Stgo. de Chile, 1987)

La profundidad natural en el hombre, Wilson Van Dusen (Cuatro Vientos, Stgo. de Chile, 1977)

El proceso creativo en la terapia gestáltica, Joseph Zinker (Paidós, 1979)

¡Atención, aquí y ahora!, Julia Zwillinger (Abadon, Buenos Aires, 1986)

Instituciones Gestálticas

(de habla hispana)

Asociación Gestáltica de Buenos Aires (AGBA), Bogotá 3934 (1407) Bs. As., Argentina

Centro Educacional de Gestalt de Buenos Aires, Posadas 1120 (1117) Bs. As., Argentina

Centro de Estudios Gestálticos y Técnicas Psicoterapéuticas, Pacheco de Melo 2110, 1o. (1126) Bs. As., Argentina.

Taller de Terapia Gestáltica, Crámer 2027 (1428), Bs. As. Argentina..

Centro Gestáltico de San Isidro, Bermudez 441, La Lucila (1636), Bs.As., Argentina.

Instituto Gestaltico de Cordoba, 25 de Mayo 1171 (5000) Córdoba

Instituto Gestáltico de Stgo. de Chile, Carlos Montt 5611, Santiago, Chile.

Anchimalen (Dra. Adriana Schnacke), C.C. 346, Isla de Chiloe, Ancud, Chile.

Asociación Internacional de Gestalt, Eucken 19, Colonia Nueva Anzures, Del.M.Hidalgo (11590) México DF.

Instituto Mexicano de Psicoterapia Gestalt, Ejército Nacional 326-101, Colonia Polanco (11570), México DF.

Asociación Española de Terapia Gestalt, Víctor Andrés Belaúnde 22, 5B, Madrid (28016), España.

Escuela Madrileña de Terapia Gestalt, Calle León 6 1o. (28014) Madrid, España

Instituto de Psicoterapia Gestalt (IPG), Tiziano 11, (28020), Madrid, España.

Institut Gestalt, Calabria 103, Pral.2, Barcelona (08015), España.

Instituto de Terapia Gestalt, Avda. Blasco Ibáñez 125 18, Valencia (46022), España

Escuela Vasca de Gestalt,(IP-TEG), Alda. Recalde 1, Entreplanta, (48009), Bilbao, España

Centro de Estudios de Psicoterapia Gestalt, 1o. de Mayo 1 5o. Las Palmas, Gran Canaria (33002) España.

LOS AUTORES

Sergio Sinay

Es escritor y periodista. Nació en Buenos Aires en 1947. Ha publicado cuatro novelas y cuatro libros de ensayo, los más recientes «Esta noche no, querida», «Inolvidable: el libro del bolero y del amor» y «Hombres en la dulce espera». Coordina grupos de identidad masculina y de escritura. Es editor de la revista **Persona**. Ganó el Premio de Ensayo del diario **La Nación**, de Buenos Aires. Obras suyas fueron traducidas al portugués y al francés. Es egresado de la Escuela de Posgrado de la Asociación Gestáltica de Buenos Aires, donde se formó en el enfoque y las técnicas gestálticas.

Pablo Blasberg

Nació en Buenos Aires en 1970. Desde muy joven ha trabajado como ilustrador en los principales diarios y editoriales argentinas (**Clarín, La Nación, Atlántida, Perfil, La Urraca**). Obtuvo el 2o. Premio en el concurso de Clarín para ilustradores y caricaturistas (1988) y el Primer Premio en la Bienal de Arte joven (Humor Gráfico) 1991. Como ejecutante de flauta traversa integró varias orquestas (entre ellas la Juvenil de Radio Nacional y la Latinoamericana de Juventudes Musicales) y conjuntos de Cámara, y realizó conciertos en el país y en el exterior.